全国普通高校本科
教育教学质量报告（2017年度）

● 本书编委会

高等教育出版社·北京

图书在版编目（CIP）数据

全国普通高校本科教育教学质量报告 . 2017年度 /
《全国普通高校本科教育教学质量报告（2017年度）》编
委会编 . -- 北京：高等教育出版社，2019.4（2022.4重印）
　　ISBN 978-7-04-051678-4

　　Ⅰ. ①全… Ⅱ. ①全… Ⅲ. ①本科－教育质量－研究
报告－中国－2017 Ⅳ. ①G649.21

中国版本图书馆CIP数据核字（2019）第059906号

QUANGUO PUTONG GAOXIAO BENKE JIAOYU JIAOXUE
ZHILIANG BAOGAO (2017 NIANDU)

策划编辑　李光跃　　　责任编辑　李光跃　　　封面设计　姜　磊　　　责任印制　韩　刚

出版发行	高等教育出版社	网　　址	http://www.hep.edu.cn
社　　址	北京市西城区德外大街4号		http://www.hep.com.cn
邮政编码	100120	网上订购	http://www.hepmall.com.cn
印　　刷	涿州市星河印刷有限公司		http://www.hepmall.com
开　　本	787mm×1092mm　1/16		http://www.hepmall.cn
印　　张	11.25		
字　　数	160千字	版　　次	2019年4月第1版
购书热线	010-58581118	印　　次	2022年4月第2次印刷
咨询电话	400-810-0598	定　　价	62.00元

本书如有缺页、倒页、脱页等质量问题，请到所购图书销售部门联系调换

本书编委会

前言

2017 年，是极不平凡和具有特别历史意义的一年，党的十九大胜利召开，宣告中国进入新时代，国家经济、政治、社会、文化、生态五位一体全面布局取得新成就。全国高等教育系统深入学习贯彻十九大精神和习近平新时代中国特色社会主义思想，认真落实党的教育方针，紧紧围绕提高教育质量这一战略主题，奋力加快"双一流"建设，实现高等教育内涵式发展目标，以立德树人为根本任务、以促进公平为基本要求、以优化结构为主攻方向、以深化改革为根本动力，致力于推进高等教育治理体系和治理能力现代化，构建人才培养新体系，高等教育事业迈向新台阶。

人才培养是本，本科教育是根。本科教育在人才培养中居核心地位、教育教学中居基础地位、新时代教育发展中居前沿地位。提高高等教育质量，最根本和最关键之处，在于切实提高人才培养质量，重点是本科教育质量。建设一流本科教育是提高和保证高等教育质量的固本强基工程。教学是高等学校最首要和最重要的原生职能，提高教学质量、实现高等教育内涵式发展是高等教育改革与发展的核心要务。近年来，我国政府对高校本科教学工作和教学改革高度重视，相继制定了一系列政策，出台了一系列文件，采取了一系列措施，推动高等学校不断改进教学工作，不断提升教学质量，高校教学工作呈现出"质量意识在升温，教学改革在突破，教学成果在呈现"的喜人景象。

《国家中长期教育改革和发展规划纲要（2010—2020 年）》指出，政府和高等学校要定期向社会发布教学质量报告，将发布质量报告作为一项重要的监督和保证教学质量的制度。为此，从 2012 年开始，国家"985 工程"高校、"211 工程"高校以及其他所有类型高校陆续编制和发布了本校教学质量报告。在高教领域和社会各界产生了积极影响和良好效果。

2017 年，教育部教育督导局发出通知，要求各本科院校在过去质量报告经验的基础上，将自身教学改革新探索、新思路、新做法和新成绩加以总结概括，形成各自的《教学质量报告》报送教育督导局。教育督导局总计收到 1141 份质量报告（包括独立学院）。教育督导局委托教育部高等教育教学评估中心组织有关力量，基于上述报告以及 1220 余所高校教学基本状态国家数据平台数百万个数据和院校评估文本材料，进行系统梳理、归类、统计和分析，撰写了《全国普通高校本科教育教学质量报告（2017 年度）》。报告坚持用数据和事实说话、理论与实践结合、宏观与微观结合、定性与定量结合、统一与分类结合、自信与自省结合的原则，从发展、成效和展望三个层面分别论述本科教育发展情况，质量建设成效，质量面临的问题与挑战，质量改进的对策和建议。需要说明的是，为方便比较，报告研制组将我国本科高校（不含港澳台高校）分成一流大学建设高校、一流学科建设高校、一般本科高校、新建本科高校和独立学院几个类别，以便进行分析和比较。其中，一流大学建设高校 40 所以上，一流学科建设高校 90 所以上，一般本科（老本科）高校 430 所左右，新建本科高校 380 所左右，独立学院 240 所以上。

教学质量是一个复杂的概念，具有整体性、潜在性、长期性和模糊性等特点。一般地，人们将教学质量分为投入性质量（亦称结构性质量）、过程性质量和结果性质量。其中，投入性质量主要包括投入到教学过程中的人、财、物、信息等资源，它们是影响教学质量的硬件要素；过程性质量主要指教学管理和资源配置效率、师生投入时间和精力等主观努力程度、教学方案执行力度、教学改革状况、质量保障体系运行效果等，属于影响教学质量的软件要素；结果质量也称产出质量，主要指学生学习效果、知识能力与素质各方面的发展提高情况。投入、过程与产出三者紧密结合在一起，相互支撑共同作用，缺一不可。从另一个维度看，教学质量可分为产品质量和服务质量，产品质量归根到底体现在学生发展、学习效果和成长成才上，即产出质量；服务质量则体现在学校为学生发展提供的软件硬件以及工作组织，即投入质量和过程质量。本报告即是按此逻辑线索展开研制和撰写的。

按教育部教育督导局要求，评估中心组织精干队伍，从 2018 年 3 月开始研制框架，拟订方案，对数据和文本进行了系统归类、挖掘、统计和分析整理，5 月中旬形成了质量报告初稿，经数次讨论和修改，6 月底形成正式文稿提交教育督导局。教育督导局邀请部分专家对质量报告进行了审议。评估中心又按照专家审议的意见对报告再次进行修改完善，形成了报告定稿。本报告分为三篇，第一篇为本科教育新发展，第二篇为教学质量新成效，第三篇为展望一流本科教育。发展篇和展望篇各设两章，质量成效篇设五章，总计九章。之所以这样布局，主要目的在于，既注重质量报告整体性、全面性、针对性和前瞻性，又突出质量报告重点和主题。

报告指出，2017 年，在教育事业发展方面，高等教育稳步发展，在学总人数超过 3 700 万人，占世界大学生总量的 20%，为全球第一。高等教育毛入学率达到 45.7%，超过世界平均水平 7 个百分点，稳步迈近普及化阶段。学校布局、学科专业结构进一步优化，与国家和区域经济、产业和社会结构协调度适应度进一步密切，为国家和区域经济社会和文化发展培养了数量充足、结构合理的高素质人才。高等学校基本形成了层次、科类、专业结构合理的多样化和特色化办学格局，"双一流"建设大学、区域性大学、应用型高校呈金字塔式协调发展，高等教育体系结构日趋合理。人财物等高校办学资源和条件持续改善，基本能够满足教学工作需要。尤其是"双一流"建设大学在教学资源和教学条件方面与世界一流大学比肩而行，过去的条件落后局面得到根本转变。据统计，2017 年，各校累计教育经费收入为 6 068.6 亿元，校均接近 5 亿元，生均教育经费 3.76 万元。各高校累计教学经费总额为 2 202.3 亿元，校均 1.8 亿元，生均教学经费为 1.3 万元。教学经费占教育经费总额的比例达到 36.3%。其中一流大学建设高校教学经费占教育经费的比例最高（43.9%），一流学科建设高校次之（40.4%）。各高校校均占地面积 113.6 万 m^2，生均占地面积为 68.96 m^2。校均建筑面积 55.0 万 m^2，生均建筑面积为 33.4 m^2。各高校累计教学科研仪器设备资产总值 3 980 亿元，校均科研仪器设备资产总值 3.3 亿元，生均教学科研仪器设备资产总值 1.73 万元。其中生均教学科研仪器设备资产总值最高的为一流大学建设高校，平均为 4.55 万元，然后为一流学科建设高校，平均为 2.42 万元，普通本科院校平均为 1.33 万元。与教育质量提升紧密相关的信息化设备及上网课程资源等配置水平均有所提升，为全面提升人才培养质量，深化本科教育教学改革奠定了牢固基础。

报告认为，2017 年，在质量建设成效方面，成果显著。高等学校坚决贯彻党的十九大精神，以习近平新时代中国特色社会主义思想为指导，把立德树人和思想政治教育置于首位，以此统领各项工作，广泛开展爱国主义教育、社会主义核心价值观教育和中华传统文化教育，积极培养社会主义建设者和接班人，基本上形成了"三全育人"的大思政格局。师生政治思想坚定，"四个意识"和"四个自信"明显增强，学校向心力与凝聚力大大提高。特别是大学生，总体上思想健康、积极向上，有理想、有追求，对社会主义核心价值观认同度高，有责任感和担当精神，乐于奉献，民主意识强。

报告显示，学校更加重视强化教师队伍建设，队伍结构进一步优化，教师思想政治水平和业务能力得到提高，发展态势良好。2017 年，全国各高校累计专任教师人数为 99.2 万人，校均拥有专任教师 819 人。教师中具有研究生学历的比例超过 80%（其中，具有博士学位的比例平均为 36.65%，具有硕士学位的比例平均为 46.63%），两者分别比 5 年前增长 7.3 万和提升 6 个百分点。高校重视教师专业发展，大力开展教学方法培训和教学基本功训练，开展现代教育技术技能培训，教师教学研究水平和教学业务能力提升迅速。

报告表明，高校重视教学工作，在改革关键环节取得新的突破。各高校主动更新观念，"以学生为中心""通专融合""互联网＋教育"、国际化、创新创业教育、OBE、CDIO 等教学理念改革取得明显成效。通过一系列举措和手段深入细致地推行教学内容和课程体系改革，促进优质教学资源的建设与共享；充分利用信息技术对教育的促进作用，积极探索新型教学模式，创新教学方式方法，提高学生学习效果；创新创业教育呈现出了"多点突破、纵深发展"的良好态势，大学生创新创业的热情和活力空前高涨，已成为中国创新发展的重要有生力量；各高校出台了一系列政策措施，积极推进和支持学校深化人才培养模式改革，推进一流本科教学建设，提升不同类型人才培养质量；重视实践育人环节，把实践育人贯穿于人才培养全过程，实效不断凸显；通过建立动态调整机制，不断优化专业结构，大力发展优势特色专业，形成特色专业集群，强化专业认证，促进专业发展，深化专业内涵建设；构建教育对外开放新格局，不断提升国际化人才培养质量。

报告反映，学校注重持续改进，内部质量保障体系和质量文化建设取得重要进展。这一年，教育部正式发布了 92 个大类专业教学质量国家标准，这是中国第一个国家专业质量标准，从此高校专业建设、改革和专业教学便有了科学性和规范性遵循。各高校对照专业类教学质量标准，主动调整规划专业建设，建立符合国家要求、反映本校特点的专业具体标准。高校广泛开展自我评价，包括整体评估、专业评估、课程评估、学生评教、教师评学，积极改进考试方式方法，注重能力和综合素质培养。政府和专门机构开展的教学评估与专业认证，对于高校内部质量保障建设起到了引领和示范作用。人才培养质量意识、规范意识和改革意识得到增强。

这些成效说明，我国高等教育发展已处于历史的"拐点"，处于新时代的转折点，即由原来世界发达国家高等教育的跟跑者正在向"并跑者"迈进，并努力朝"领跑者"的目标发展。习近平总书记在全国高校思想政治工作会议上强调："实现中华民族伟大复兴，教育的地位和作用不可忽视。"高等教育发展水平是一个国家发展水平和发展潜力的重要标志。今天，中国要从人口大国迈向人才强国，对高等教育的需要比以往任何时候都更加迫切，对科学知识和卓越人才的渴求比以往任何时候都更加强烈。培养高质量人才是我国建设世界一流大学的核心与保证。正如习近平总书记所强调的："只有培养出一流人才的高校，才能够成为世界一流大学。""办好我国高校，办出世界一流大学，必须牢牢抓住全面提高人才培养能力这个核心点，并以此来带动高校其他工作。"近年来，广大高等学校以党的十九大精神为指导，认真学习和贯彻习近平总书记全国高校思想政治工作会议讲话精神和考察中国政法大学讲话精神，深刻把握新时代国家经济社会对高等教育提出的新要求新任务，不忘初心、牢记使命，以立德树人、培养社会主义建设者和可靠接班人为根本宗旨，以人才培养质量为核心，自觉担当、奋发有为，加快推进一流大学和一流学科建设，加快推进高等教育内涵式发展，加快推进教育教学建设，加快推进人才培养和教学改革步伐，回归常识、回归本分、回归初心、回归梦想，不断提高服务国家、服务人民、服务改革开放、服务治国理政要求的能力，不断提高办人民满意的高等教育、提供更多更好优质多样高教资源的能力，提高高等教育综合实力和国际竞争能力。

总结、研制并发布全国高等学校教学质量报告，既是对一年来学校本科教学工作及成就的一次全面检视，也是对本科教学工作问题和不足的一次省察和反思,更是接受公众和社会监督的重要表现。发布教学质量报告,已经成为一项重要的制度性安排,在进一步强化人才培养核心地位,落实教学工作中心地位,进一步强化质量意识方面,发挥着日益重要的作用。

当然,我们也清楚地看到,我国高等学校教学和人才培养工作,距离实现内涵式发展,建设一流大学、一流学科、一流专业和一流人才培养目标的要求之间仍然还存在一定差距,教育资源条件发展不平衡不充分,思想政治教育入耳入脑入心效果不尽如人意,教师队伍人员数量依然存在一定缺口,教学理念与教学模式有待进一步革新,产学合作与国际化程度低,学生创新和实践能力不高。全面提高教育教学水平,提高人才培养质量仍然需要做出更多努力和不懈奋斗。

本书编委会

2018年10月

目录

第三篇　展望一流本科教育

第一篇　本科教育新发展

第一章　普通本科教育稳步发展

一、院校发展情况

2017 年，全国共有普通和成人高等学校 2 914 所，各种形式高等教育在学人口总规模达到 3 779 万人，占世界高等教育在学人口 20%，稳居世界首位，高等教育毛入学率 45.7%，超过世界高等教育平均毛入学率 7 个百分点，大众化水平进一步提升，向着高等教育普及化新时代昂首迈进。

全国共有普通高校 2 631 所（含独立学院 265 所），其中，本科院校总计 1 243 所。十八大以来，我国本科院校数量从 1 145 所增加到 1 243 所，增加了 98 所，增长了 7.8%（图 1-1）。本科院校学生总数约为 1 820 万人，校均规模为 14 639 人。为国家经济社会发展培养大批合格优秀人才，成为国家科技创新、服务社会、文化传承、国际交流的重要承载地。

《国家中长期教育改革和发展规划纲要（2010—2020 年）》指出，要"促进高校办出特色。建立高校分类体系，实行分类管理。发挥政策指导和资源配置的作用，引导高校合理定位，克服同质化倾向，形成各自的办学理念和风格，在不同层次、不同领域办出特色，争创一流。"一所学校能否生存，能否发展，依靠的主要是特色。学校办学特色的形成和发展是学校实现内涵发展的核心，是避免"同质化"的关键。

目前我国普通高校逐渐分化为研究型、教学型、应用型等类型，形成

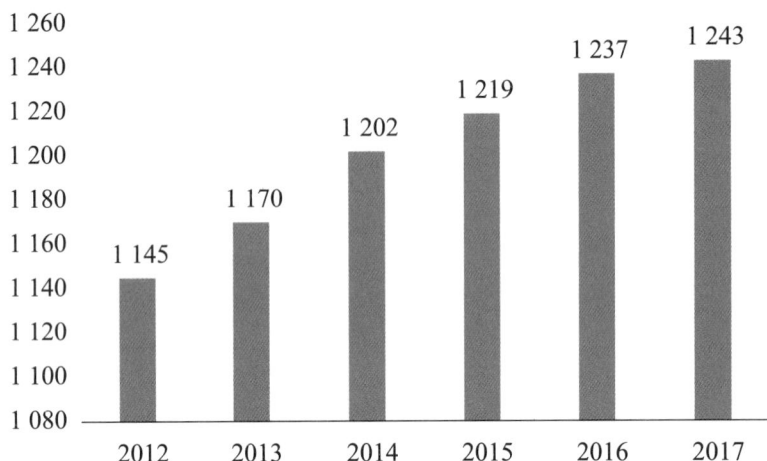

图 1-1　2012—2017 年普通高校数量变化

更加适应经济社会发展需要的合理健全体系。公办院校 817 所（其中"双一流"建设高校 137 所，其他普通高校 680 所），民办院校 417 所（其中独立学院 265 所），合作办学学院 9 所（其中内地与港澳台合作办学 2 所、中外合作办学 7 所）。公办院校占比 65.7%，民办院校占比 33.5%，合作办学占比 0.8%（表 1-1）。不同层次和类型高校在办学特色方面的探索与实践，形成了我国高校多样化特色化办学体系格局。

表 1-1　高校类型分布

类别	数量 / 所	占比 /%
公办院校	817	65.7
其中："双一流"建设高校	137	11.0
民办院校	417	33.5
其中：独立学院	265	21.3
合作办学	9	0.8
合计	1 243	100.0

二、专业发展情况

依据《中国教育统计年鉴》，全国普通本科高校专业数和专业点数都在持续增加。专业数从 2011 年 576 个增长到 2017 年的 587 个，相应地，专业点数从 46 623 个增长到 55 954 个，净增 9 331 个，总增长率为 20%，专业布局更为合理（表 1–2）。国家为契合经济社会发展、新兴战略产业和国计民生急需，相继设立了与大数据、机器人、人工智能、网络安全、智能控制、"一带一路"沿线国家官方语言等一批新专业。特别是近年来，由于教育主管部门加强专业设置调控，各高校根据自身发展定位和办学条件，为提高办学实力，强化内涵建设和特色发展，优化教学资源，提高专业竞争力，不断增加专业调整力度，撤销条件较差、缺乏优势、就业困难的专业，打造高水平强势专业。一个适应国家和区域经济社会发展需要、符合学校实际的专业结构布局基本形成。

表 1–2　高校专业数与专业点数（单位：个）

年份	专业数	专业点数	新增专业点	撤销专业点
2011	576	46 623	1 850	32
2013	583	48 730	1 874	26
2015	595	52 469	2 225	118
2017	587	55 954	2 311	220

根据 2017 年全国高校教学状态数据显示，我国高校平均专业数为 43.43 个，其中拥有 60 个以上专业的高校有 288 个。各高校专业设置中，校均 10.23 个为新专业，占本科专业总数的近 1/4。1 224 所高校国家特色专业总

数 5 312 个，校均 4.34 个；省部级优势专业总数 10 533 个，校均 8.61 个。根据 2017 年各高校教学质量报告，有 38% 的高校在专业设置与培养方案方面的特色发展有所突破。

三、师资发展情况

师资队伍是人才培养质量最重要的保障，队伍建设始终是学校的工作重心之一。各高校都采取有力措施加大培养和引进师资力度，总体上高校已经初步形成了一支数量结构趋于合理、学缘结构趋于多元、富有爱岗敬业精神的教师队伍，有效地缓解了高等教育需求增长与师资队伍数量不足的矛盾，为高校人才培养提供了有力的支撑和保障。

1. 人员数量

根据教学基本状态数据平台统计，2017 年，全国本科院校教职工 1 772 342 人、专任教师 1 150 467 人，其中，女性教职工 847 801 人、占 47.84%，女性专任教师 551 706 人、占 47.95%。

2016 年，全国本科院校教职工 1 750 614 人、专任教师 1 134 030 人，其中，女性教职工 828 921 人、占 47.35%，女性专任教师 538 769 人、占 47.51%。

2017 年相比 2016 年，教职工、专任教师、女性教职工人数均有所增加（图 1-2），女性教职工和专任教师比例均有提高。

2017 年，全国普通高校校均专任教师规模在 820 人左右。各类型高校校均专任教师规模大致稳定，但不同类型高校间差异较大，一流大学建设高校校均专任教师数为 2 560 人，一流学科建设高校为 1 559 人，一般本科高校 979 人，新建本科高校 590 人，独立学院 331 人。

图 1-2 2016—2017 年全国本科院校教职工、专任教师及正、副高职称比例

2. 学历结构

教师学历是反映师资队伍水平的一个重要指标。统计数据显示，2015—2017 年，各类高校全职专任教师中具有硕士和博士学位的教师数量持续攀升，结构不断优化，其中以一流大学建设高校发展最为显著。2017 年，一流大学建设高校具有博士和硕士学位的专任教师比例已突破90%，达到 93%；一流学科建设高校达到 86%；一般本科高校为 74%，新建本科高校为 58%；独立学院为 70%；全国平均约为 73%（图 1-3）。

3. 职称结构

2015—2017 年，全国高校专任教师具有高级职称（含正高和副高）的比例从 44% 上升至 49%，中级职称比例在 40% 左右，略有下降，初级职称比例逐年递减。一流大学建设高校高级职称专任教师比例增长较快，从2016 年的 64% 上升至 2017 年的 73%，上长近 10 个百分点，其中副高职称和正高职称比例分别上升 4% 和 5%，中级职称比例逐年下降，由 30% 下降至 24%；其他四类高校三年间专任教师职称结构变化不明显，但各类高校之间差异比较鲜明，总体而言，由一流大学建设高校、一流学科建设高校至

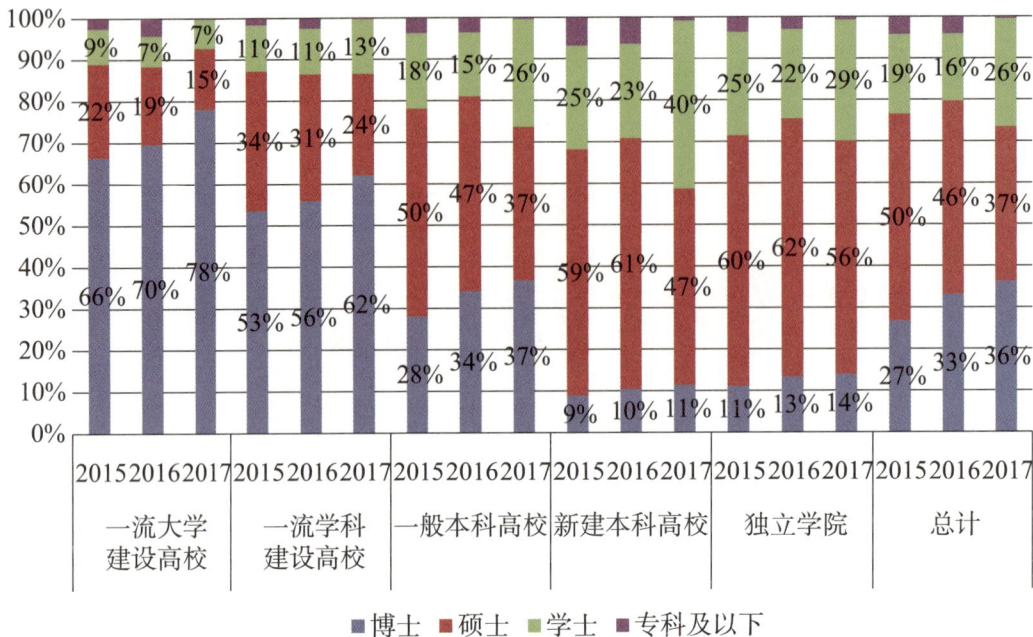

图 1-3　2015—2017 年全国各类本科高校专任教师学历结构

一般本科高校、新建本科高校及独立学院，依次呈现出高级职称比例逐渐减小，中级和初级职称比例专任教师不断增多的特点（图 1-4）。

4. 年龄结构

据高校教学基本状态数据监测显示，2015—2017 年，全国普通高校 45 岁以下专任教师比例在 70% 左右，中青年教师依旧是主力军。2017 年，35 岁以下专任教师比例下降较为明显，而 35~45 岁及 45~55 岁两个年龄段的专任教师比例均略有上升，师资队伍呈现成熟化趋势。

从不同类型看，一流大学建设高校 35 岁以下专任教师比例最低，且三年内下降幅度最为明显；一流大学建设高校、一流学科建设高校与一般本科高校三类高校中，均以 35~45 岁年龄段专任教师所占比例最高，在 40% 左右，其中一流大学建设高校和一流学科建设高校两者与一般本科高校略有差

图 1-4　2015—2017 年全国各类高校专任教师职称结构

别，一流大学建设高校和一流学科建设高校 45～55 岁专任教师所占比例均高于 35 岁以下年龄段，而一般本科高校恰好相反，35 岁以下教师比例更高些；在新建本科高校与独立学院两类高校中，则 35 岁以下专任教师所占比例最高，尽管在 2017 年略有下降，且仍呈现出随年龄段增长而所占比例递减的趋势，总体而言，后两类高校的师资队伍更为年轻化，这与不同类型高校所处的不同发展阶段有关（图 1-5）。

5. 性别结构

据高校教学基本状态数据监测显示，2015—2017 年，全国普通高校专任教师男女比例大致相当，性别平衡状况较好。在不同类型高校中，性别结构特点突出，一般本科高校专任教师男女比例与总体相当，各占 50% 左右，而以一般本科高校为界，一流大学建设高校和一流学科建设高校中，男性专

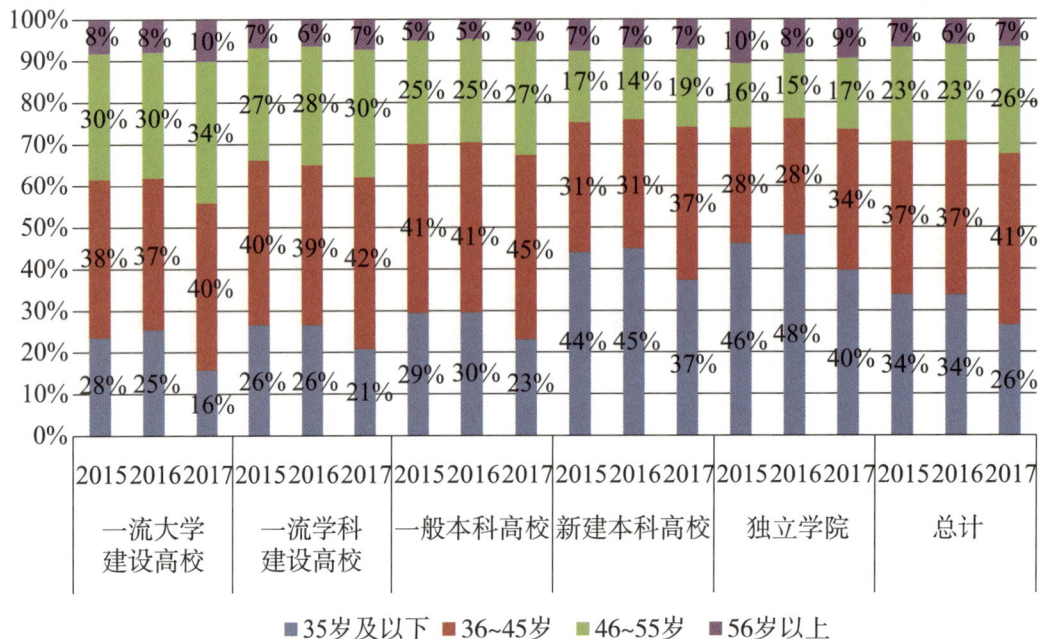

图 1-5 2015—2017 年全国各类高校专任教师年龄结构

任教师比例远高于女性，而在新建本科高校和独立学院中，女性专任教师比例高于男性。不同类型高校专任教师性别结构差异较大，体现出越是研究型大学，男性专任教师比例越高的特点（图 1-6）。

四、学生发展情况

十八大以来，全国普通本科高校每年毕业生数从近 300 万人增长到近 400 万人，招生数从 370 万人增加到 410 万人，在校生数从 1 400 万人提高到 1 648 万人，增幅分别达到 33.3%、10.8% 和 17.7%（表 1-3，图 1-7）。

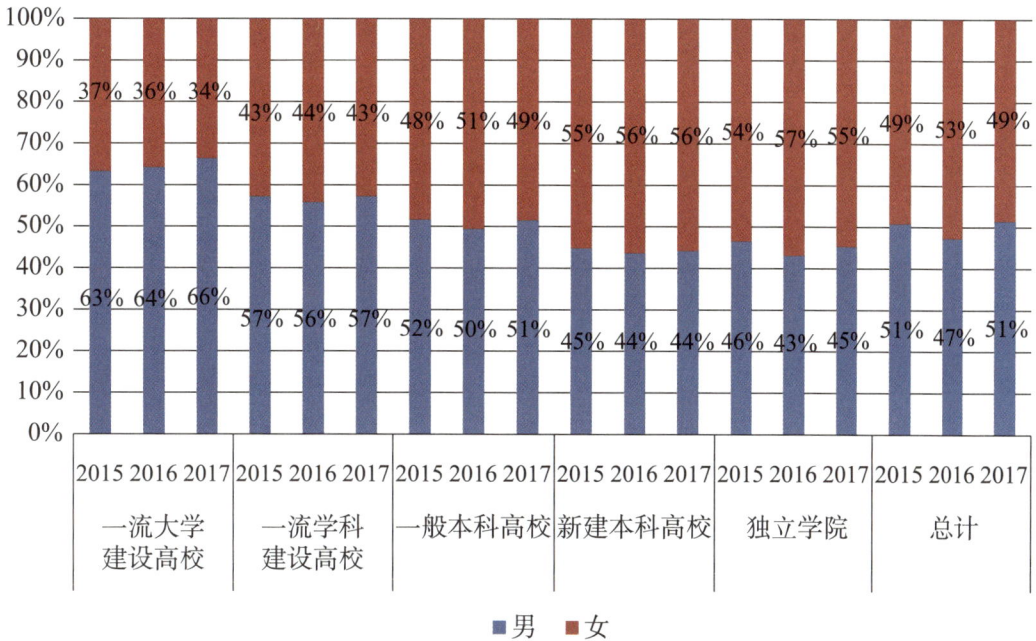

图 1-6　2015—2017 年全国各类本科高校专任教师性别结构

表 1-3　2012—2017 年全国本科生数量发展情况（单位：人）

年份	毕业生数	招生数	在校生数
2017	3 841 839	4 107 534	16 486 320
2016	3 743 680	4 054 007	16 129 535
2015	3 585 940	3 894 184	15 766 848
2014	3 413 787	3 834 152	15 410 653
2013	3 199 716	3 814 331	14 944 353
2012	3 038 473	3 740 574	14 270 888

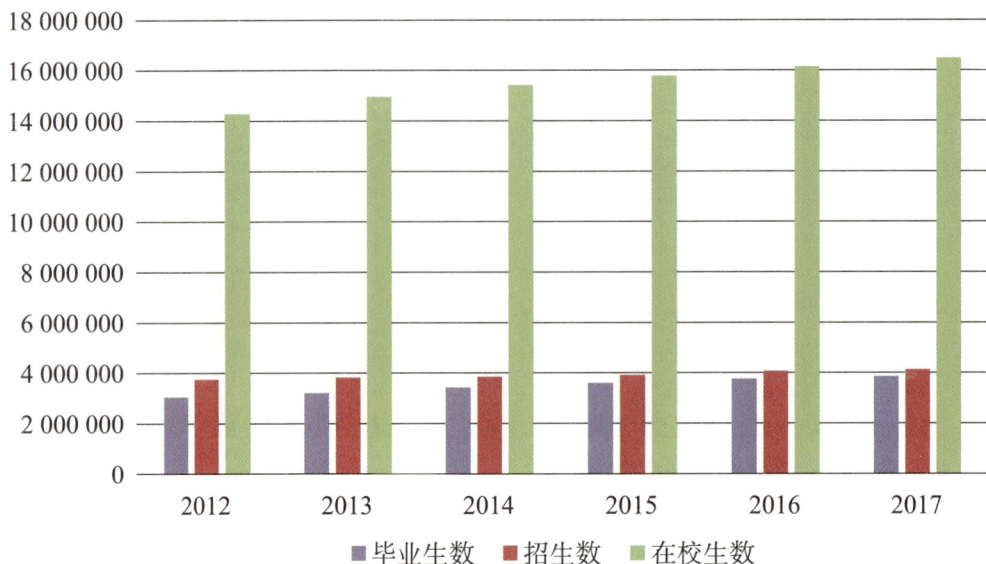

图 1-7　2012—2017 年全国各类本科高校毕业生数、招生数、在校生数

从表 1-4 中可以看出，2012—2017 年，全国本科高校毕业生呈现快速增长到慢速增长的过程，近年来环比增长率保持在 3% 以上。

表 1-4　2012—2017 年全国毕业生数量发展情况

年份	毕业生数 / 人	环比增长 /%
2012	3 038 473	9
2013	3 199 716	5
2014	3 413 787	7
2015	3 585 940	5
2016	3 743 680	4
2017	3 841 839	3

从表 1-5 中可以看出，2012—2017 年，全国本科高校招生数呈现从快速增长到放缓波动的过程，近年来环比增长率基本保持在 2% 左右浮动。

表 1-5　2012—2017 年全国招生数量发展情况

年份	招生数 / 人	环比增长 /%
2012	3 740 574	5
2013	3 814 331	2
2014	3 834 152	1
2015	3 894 184	2
2016	4 054 007	4
2017	4 107 534	1

从表 1-6 中可以看出，2012—2017 年，全国本科高校在校生数呈现快速增长到稳定的过程，近年来环比增长率保持在 2%。

表 1-6　2012—2017 年全国在校生数量发展情况（单位：人）

年份	在校生数 / 人	环比增长 /%
2012	14 270 888	6
2013	14 944 353	5
2014	15 410 653	3
2015	15 766 848	2
2016	16 129 535	2
2017	16 486 320	2

第二章　本科教学资源持续改善

教学资源条件是一流本科教育的基础，也是提高教育质量的前提保障。回顾过去一年，全国高校围绕着高等教育内涵发展，继续加大教学经费投入，不断优化教学经费支出结构，教学条件不断改善、教学设备不断更新、图书资料逐年丰富、网络空间环境不断升级，为全面提升人才培养质量，深化本科教育教学改革奠定了坚实的基础。

一、教学经费投入持续增加，支出结构不断优化

根据 2015—2017 年全国高校教学状态数据监测显示，全国各类高校教育教学经费投入持续增加，三年累计教育经费投入达到 1.72 万亿元，年均教育经费投入达到 5 732 亿元。其中教学经费累计投入 6 089 亿元，年均教学经费投入 2 029.9 亿元，占当年教育经费总额的 35%；教学改革与建设专项经费投入 1 079.62 亿元，年均投入 359.87 亿元，占当年教学经费总额的 17.73%（表 2-1）。

从各类高校教育教学经费的使用情况来看，2015—2017 年全国各类高校教学经费投入持续增加，但教学经费占学校教育经费比例出现小幅波动，从 2015 年的 35.63% 增长到 2016 年 37.19%，2017 年又降到 34.28%，比 2015 年降低了 1.35 个百分点。具体到各类高校，一流大学建设高校增幅明

表 2-1　2015—2017 年全国各类本科高校教育教学经费总额（单位：万元）

项目		年份	一流大学建设高校	一流学科建设高校	一般本科高校	新建本科高校	独立学院	总计
教育经费		2015	4 955 206.58	4 848 111.82	16 663 711.73	6 307 658.88	2 003 314.91	34 778 003.92
		2016	9 115 269.88	7 265 530.73	24 726 576.05	7 299 977.02	2 389 965.90	50 797 319.60
		2017	11 628 541.97	10 293 605.33	27 888 966.29	7 937 549.40	28 657 407.30	86 406 070.29
教学经费		2015	1 938 387.37	2 201 607.42	5 463 976.68	1 984 794.88	802 260.46	12 391 026.81
		2016	4 095 111.97	3 231 766.76	8 255 393.42	2 375 637.43	931 808.70	18 889 718.30
		2017	5 218 972.31	4 213 126.04	8 860 321.12	2 499 546.98	8 824 381.57	29 616 348.02
教改专项经费		2015	365 724.91	283 291.16	1 053 185.12	397 862.85	120 894.98	2 220 959.02
		2016	1 134 059.17	470 343.18	1 664 952.93	510 298.50	140 767.30	3 920 421.10
		2017	1 206 450.00	604 776.00	2 015 629.00	590 578.00	237 556.00	4 654 989.00

显，从 2015 年的 39.12% 增长到 2017 年 44.93%；一般本科高校和新建本科高校增幅平缓，但一流学科建设高校略有下降，从 2015 年的 45.41% 降低到 2017 年的 40.93%；独立学院降幅最为明显，从 2015 年的 40.05% 降低到 2017 年的 30.79%。总体来说，全国各类高校教学经费占学校教育经费比例较为稳定，稳定在 35% 左右（图 2-1，图 2-2）。

（单位：万元）

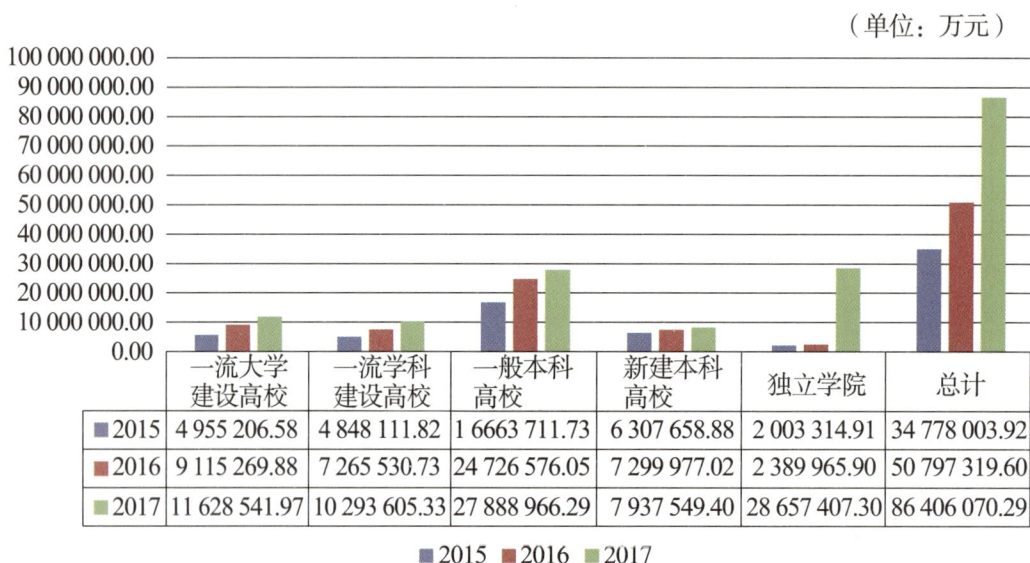

	一流大学 建设高校	一流学科 建设高校	一般本科 高校	新建本科 高校	独立学院	总计
2015	4 955 206.58	4 848 111.82	1 6663 711.73	6 307 658.88	2 003 314.91	34 778 003.92
2016	9 115 269.88	7 265 530.73	24 726 576.05	7 299 977.02	2 389 965.90	50 797 319.60
2017	11 628 541.97	10 293 605.33	27 888 966.29	7 937 549.40	28 657 407.30	86 406 070.29

■ 2015　■ 2016　■ 2017

图 2-1　2015—2017 年全国各类高校教育经费总额

二、高校用地增加，教学行政用房逐年改善

根据 2015—2017 年全国高校教学状态数据监测显示，全国各类高校占地面地从 2015 年 10.43 亿 m^2 增长到 2017 年 13.88 亿 m^2，年增幅达到 10.9%，年增长 1.13 亿 m^2。其中，一般本科高校增幅最为明显，其次是一流大学建设高校、一流学科建设高校和独立学院，最后是新建本科高校（图 2-3）。

从校均占地面积来看，2017 年全国各类高校校均占地面积达到 113.96

（单位：万元）

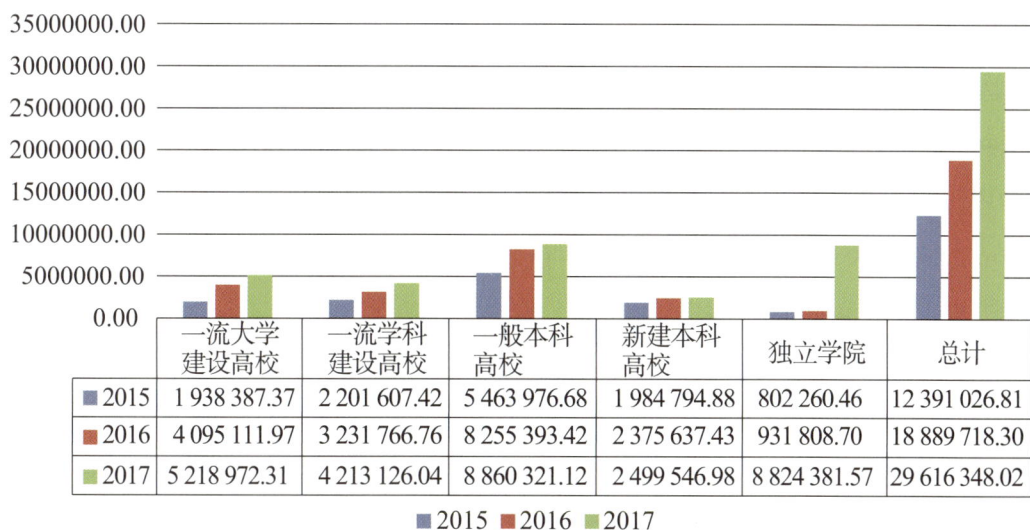

	一流大学 建设高校	一流学科 建设高校	一般本科 高校	新建本科 高校	独立学院	总计
■2015	1 938 387.37	2 201 607.42	5 463 976.68	1 984 794.88	802 260.46	12 391 026.81
■2016	4 095 111.97	3 231 766.76	8 255 393.42	2 375 637.43	931 808.70	18 889 718.30
■2017	5 218 972.31	4 213 126.04	8 860 321.12	2 499 546.98	8 824 381.57	29 616 348.02

■2015　■2016　■2017

图 2-2　2015—2017 年全国各类高校教学经费总额

（单位：m^2）

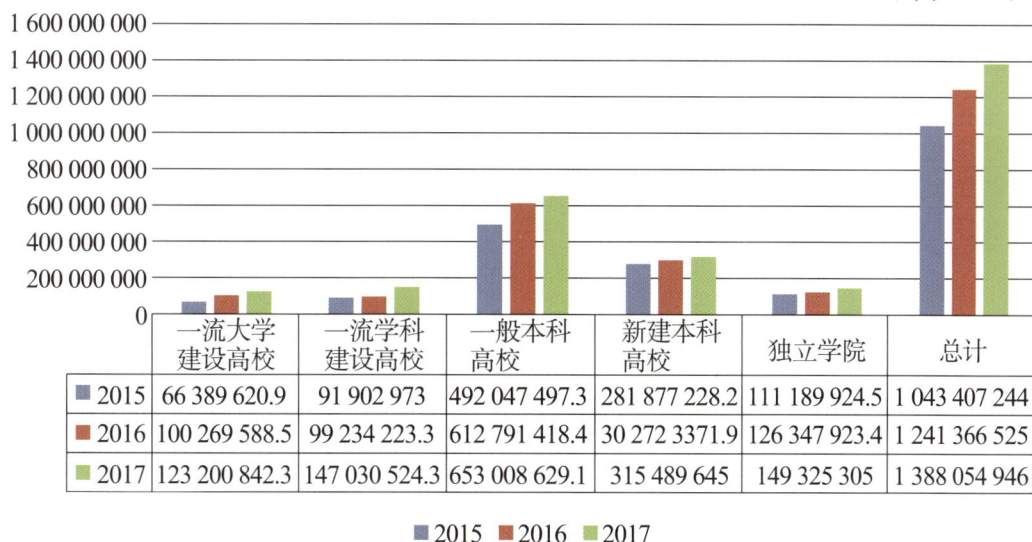

	一流大学 建设高校	一流学科 建设高校	一般本科 高校	新建本科 高校	独立学院	总计
■2015	66 389 620.9	91 902 973	492 047 497.3	281 877 228.2	111 189 924.5	1 043 407 244
■2016	100 269 588.5	99 234 223.3	612 791 418.4	30 272 3371.9	126 347 923.4	1 241 366 525
■2017	123 200 842.3	147 030 524.3	653 008 629.1	315 489 645	149 325 305	1 388 054 946

■2015　■2016　■2017

图 2-3　2015—2017 年全国各类本科高校总占地面积

万 m²，与 2015 年相比仅增加 7 900 m²。其中，一流大学建设高校校均占地面积 2017 年达到 324.21 万 m²，较 2015 年减少了 44.62 万 m²，降幅最大；其次是一流学科建设高校，2017 年达到 201.41 万 m²，较 2015 年减少了 40.44 万 m²；然后是一般本科高校，2017 年达到 132.46 万 m²，较 2015 年减少了 11.84 万 m²；独立学院变化不大，但校均占地面积最小，仅为 59.49 万 m²。在各类高校中，只有新建本科高校校均占地面积略有增加，2017 年达到 86.91 万 m²（图 2-4）。

（单位：万 m²）

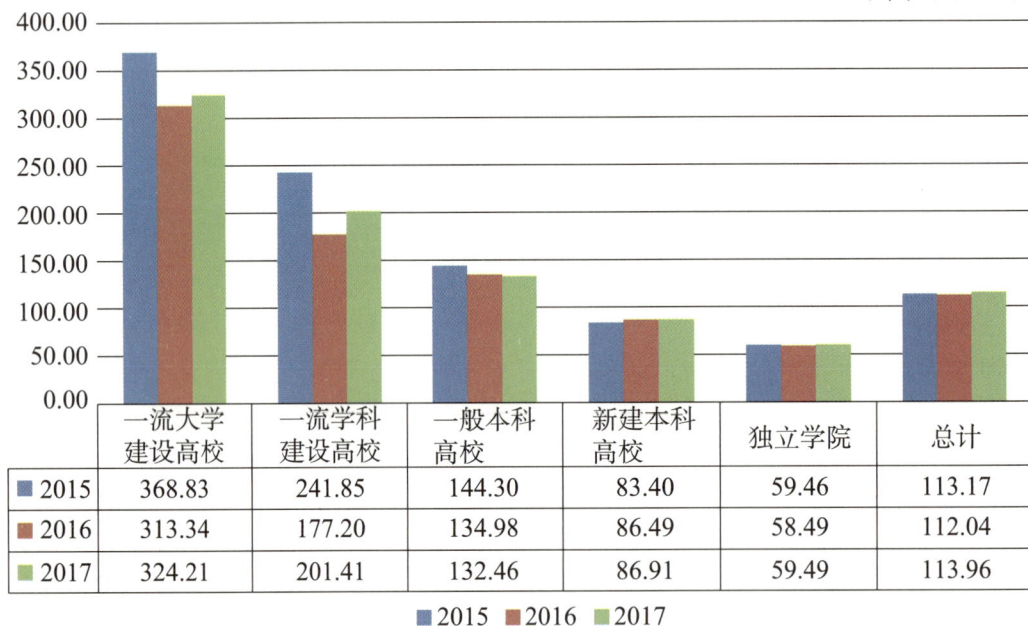

	一流大学建设高校	一流学科建设高校	一般本科高校	新建本科高校	独立学院	总计
2015	368.83	241.85	144.30	83.40	59.46	113.17
2016	313.34	177.20	134.98	86.49	58.49	112.04
2017	324.21	201.41	132.46	86.91	59.49	113.96

■2015 ■2016 ■2017

图 2-4　2015—2017 年全国各类本科高校校均占地面积

十八大以来，全国普通高校校舍建筑面积从 2013 年 8.4 亿 m² 增加到 2017 的 9.54 亿 m²，年平均增加 2 249 万 m²。根据国家教学状态数据库监测显示，2015—2017 年全国各类高校校均建筑面积总体呈现增长态势，校均建筑面积从 2015 年的 51.97 万 m² 增长到 2017 年的 55.13 万 m²，其中只有新建本科高校校均建筑面积呈现出增长态势，其余各类高校 2017 年校均建筑面积都略有下降。从校均建筑面积来看，一流大学建设高校校均建筑面积最大，2017 年达到 184.32 万 m²；独立学院校均建筑面积最小，2017 年达到 26.08 万 m²，是一流大学建设高校的 1/7（图 2-5）。

（单位：万m²）

	一流大学建设高校	一流学科建设高校	一般本科高校	新建本科高校	独立学院	总计
2015	197.21	118.25	66.18	36.73	26.10	51.97
2016	181.17	101.78	64.58	38.29	25.31	53.87
2017	184.32	106.11	64.40	38.86	26.08	55.13

■ 2015　■ 2016　■ 2017

图 2-5　2015—2017 年全国各类本科高校校均建筑面积

从各类建筑的面积来看，2015—2017 年全国各类高校校均行政用房面积和校均教学科研及辅助用房面积均有所增加，教学科研条件得到显著改善。以校均行政用房面积为例，全国高校校均行政用房面积 2017 年增长到 3.14 万 m²，较 2015 年增加了 1 521.9 m²，但是除新建本科高校以外，一流大学建设高校、一流学科建设高校、一般本科高校和独立学院等其余各类高校校均行政用房面积都有不同幅度下降，以一流大学建设高校降幅最为明显，较 2015 年减少了 1.45 万 m²。另外，2015—2017 年全国各类高校教学科研及辅助用房面积平均达到 22.8 万 m²，较 2015 年增长了 1.4 万 m²，其中一流大学建设高校校均教学科研及辅助用房面积 2017 年达到 65.19 万 m²，是一流学科建设高校的 1.7 倍，是一般本科高校的 2.5 倍，是新建本科高校的 3.8 倍，是独立学院的 5.6 倍。与 2015 年相比，2017 年一流学科建设高校、一般本科高校和独立学院校均教学科研及辅助用房面积出现不同幅度下降，其中一流学科建设高校下降幅度尤为明显，较 2015 年减少了 1.13 万 m^2（表 2-2）。

表 2-2　2015—2017 年全国各类本科高校校均建筑面积（单位：m^2）

项目	年份	一流大学建设高校	一流学科建设高校	一般本科高校	新建本科高校	独立学院	总计
校均行政用房面积	2015	107 673	67 255.6	37 510.4	22 027.5	14 740.1	29 844.2
	2016	91 134.1	58 453.9	37 116.3	22 387.5	14 037.8	30 612.2
	2017	93 127.2	61 325.4	36 625.8	23 549.8	14 275.9	31 366.1
校均教学科研及辅助用房面积	2015	641 313	389 045	265 216	168 519	122 401	213 219
	2016	612 617	359 472	259 665	175 677	117 348	220 628
	2017	651 881	377 715	262 927	178 945	120 833	227 630
校均教室面积	2015	126 679	118 360	95 652.1	75 068.8	60 965.8	82 603.2
	2016	112 222	101 281	92 347.1	76 638.4	56 550.4	81 432
	2017	116 981	106 363	91 273.7	77 134.2	58 668.3	82 046.9
校均图书馆面积	2015	67 415.9	45 145.3	33 705.4	23 597.7	16 487.9	27 635.4
	2016	62 316.9	42 164.8	32 696.9	24 100.6	16 698.9	28 238.1
	2017	63 559.7	44 484.4	32 829.9	24 266.1	16 380.1	28 545
校均实验室实习场所面积	2015	255 648	149 564	98 223.5	51 693.3	31 747.3	72 790.8
	2016	258 572	165 002	112 149	60 448.5	32 355.4	87 162.1
	2017	247 001	147 714	96 148.5	57 416.2	33 173.2	79 424.4
校均专用科研用房面积	2015	145 881	43 705	14 381	3 710.5	2 185.66	11 800.5
	2016	172 017	45 923.6	19 038	6 603.3	6 266.6	23 249.8
	2017	179 162	46 646.5	18 233.2	4 659.5	1 691.91	17 502.8
校均体育馆面积	2015	33 671.9	29 688.8	17 639.2	10 813.2	7 489.78	13 888.9
	2016	31 049	24 221.5	18 176.4	11 547.8	8 524.4	15 103.9
	2017	34 363.1	25 850	18 569.3	11 275.7	7 508.96	15 045.4

续表

项目	年份	一流大学建设高校	一流学科建设高校	一般本科高校	新建本科高校	独立学院	总计
校均 会堂面积	2015	12 017.9	6 518.01	5 615.12	3 831.37	3 536.21	4 700.33
	2016	11 048	7 561.9	6 752.2	5 160.2	4 196.3	6 022.2
	2017	10 814	6 657.39	5 872.22	4 192.89	3 410.52	5 065.67
校均 学生食堂面积	2015	54 051.8	36 253.7	25 664.8	15 614.6	12 182.9	20 242.9
	2016	46 192.9	31 879.8	23 669.2	16 217.1	12 234.3	20 151.5
	2017	47 531.2	33 056.1	23 728	16 316.3	12 580.3	20 523.5
校均 学生宿舍面积	2015	412 378	309 302	183 378	114 921	90 531.3	150 377
	2016	380 739	270 461	177 461	115 669	92 151.3	151 882
	2017	402 904	264 442	175 890	117 616	89 850.4	153 182
校均 运动场面积	2015	160 875	104 231	86 045.6	58 531.2	42 064.4	69 264.9
	2016	149 255	102 899	82 935.8	60 481	38 400.6	70 085.1
	2017	151 319	105 336	85 268.5	60 493.8	42 323.4	72 298.4

从生均建筑用房面积来看，2015—2017 年全国各类本科高校生均建筑用房面积有所增加，但是较 2016 年，2017 年全国各类高校生均建筑用房面积又有所下降，其中尤以一般本科高校下降幅度最为明显。从各类建筑生均用房面积来看，教学科研辅助用房面积和学生宿舍面积占比最大，其次是实验实习场所面积、专用科研用房面积和教室面积。从各类高校生均建筑用房面积来看，一流大学建设高校高于一流学科建设高校，一流学科建设高校高于新建本科高校，新建本科高校高于一般本科高校，独立学院生均建筑用房面积低于平均值（表 2-3）。

从各类建筑用房面积比例来看，全国各类高校校均建筑用房面积比例呈现出鲜明的差异性，一流大学建设高校各类建筑用房面积依次高于一流学科建设高校、一般本科高校、独立学院和新建本科高校。横向来看，在高校各类建筑用房面积比例中，学生宿舍面积占比最高，达到 33% 左右；

表 2-3 2015—2017 年全国各类本科高校生均建筑用房面积（单位：m²）

年份	项目	一流大学建设高校	一流学科建设高校	一般本科高校	新建本科高校	独立学院	总计
2015	生均行政用房面积	4.12	3.35	2.14	2.31	1.58	2.26
	生均教学科研辅助用房面积	24.57	19.41	15.12	17.70	13.25	16.18
	生均教室面积	4.85	5.90	5.45	7.89	6.60	6.27
	生均图书馆面积	2.58	2.25	1.92	2.48	1.78	2.10
	生均实验实习场所面积	9.79	7.26	5.60	5.41	3.44	5.51
	生均专用科研用房面积	5.59	2.18	0.82	0.39	0.24	0.89
	生均体育馆面积	1.29	1.48	1.01	1.13	0.81	1.05
	生均会堂面积	0.46	0.33	0.32	0.40	0.38	0.36
	生均学生食堂面积	1.96	1.81	1.48	1.64	1.30	1.53
	生均学生宿舍面积	14.04	14.21	9.49	10.72	8.16	10.10
	生均运动场面积	6.16	5.20	4.91	6.15	4.53	5.25
2016	生均行政用房面积	5.08	3.59	2.67	2.36	1.53	2.59
	生均教学科研辅助用房面积	34.14	22.09	18.73	18.54	12.82	18.70
	生均教室面积	6.25	6.22	6.66	8.09	6.18	6.90
	生均图书馆面积	3.47	2.59	2.35	2.54	1.79	2.38
	生均实验实习场所面积	14.41	10.14	8.09	6.38	3.53	7.39
	生均专用科研用房面积	9.59	2.72	1.15	0.41	0.18	1.30
	生均体育馆面积	1.73	1.44	1.29	1.14	0.79	1.20
	生均会堂面积	0.60	0.45	0.42	0.41	0.35	0.42
	生均学生食堂面积	2.57	1.96	1.71	1.71	1.34	1.71

续表

年份	项目	一流大学 建设高校	一流学科 建设高校	一般本科 高校	新建本科 高校	独立 学院	总计
2016	生均学生宿舍面积	21.22	16.62	12.80	12.21	10.07	12.87
	生均运动场面积	8.32	6.32	5.98	6.38	4.19	5.94
2017	生均行政用房面积	4.57	3.26	2.28	2.36	1.55	2.39
	生均教学科研辅助用房 面积	32.00	20.10	16.37	17.94	13.13	17.34
	生均教室面积	5.74	5.66	5.68	7.73	6.38	6.25
	生均图书馆面积	3.12	2.37	2.04	2.43	1.78	2.17
	生均实验实习场所面积	12.12	7.86	5.99	5.76	3.61	6.05
	生均专用科研用房面积	8.79	2.48	1.14	0.47	0.18	1.33
	生均体育馆面积	1.69	1.38	1.16	1.13	0.82	1.15
	生均会堂面积	0.53	0.35	0.37	0.42	0.37	0.39
	生均学生食堂面积	2.33	1.76	1.48	1.64	1.37	1.56
	生均学生宿舍面积	19.78	14.07	10.95	11.79	9.77	11.67
	生均运动场面积	7.43	5.60	5.31	6.07	4.60	5.51

其次是实验实习场所，占比 15% 左右；再次是教室面积和专用科研用房面积。以一流大学建设高校为例，学生宿舍面积占 32.51%，实验实习场所面积占 20.15%，专用科研用房面积占 11.5%，教室面积占 10%，图书馆面积占 5.3%；而在独立学院中学生宿舍面积占 33.88%，教室面积占 22.82%，实验实习场所面积占 11.88%，图书馆面积占 6.17%，专用科研用房面积占 0.82%。换言之，一流大学建设高校、一流学科建设高校、一般本科高校、新建本科高校、独立学院随着教学科研水平的层次性变化，学校实验实习

场所和专用科研用房面积占比逐渐降低，而教室、图书馆、会堂、学生食堂等建筑场馆面积占比逐渐增加。

与2015年相比，2017年全国各类高校教室、图书馆、宿舍、食堂等建筑用房比例略有下降，相反实验实习场所、专用科研用房等建筑用房面积比例略有上升。其中，2017年一流大学建设高校教室、图书馆、实验实习场所、食堂、宿舍、运动场等建筑场所用房面积比例较2015年略有下降，而专用科研用房面积比例略有上升，居各类高校之首，达到14.29%。而一流学科建设高校、一般本科高校、新建本科高校、独立学院的实验实习场所、专用科研用房等建筑用房面积比例较2015年都略有上升。

三、固定资产不断充实，教学设备不断更新

从高校固定资产总值情况看，2017年，各类高校累计固定资产总值1.61万亿元，校均固定资产总值13.11亿元，生均固定资产总值7.96万元。

从高校教学科研仪器设备资产总值看，各类高校累计教学科研仪器设备资产总值为3 983.14亿元，校均教学科研仪器设备资产总值为3.26亿元，生均教学科研仪器设备资产总值为1.7万元（表2-4）。

表2-4 全国各类本科高校教学科研仪器设备资产总值（亿元）

高校类型	2015 年	2016 年	2017 年
一流大学建设高校	392.34	785.77	1 056.88
一流学科建设高校	276.85	451.5	647.48
一般本科高校	911.26	1 505.08	1 698.41
新建本科高校	336.98	388.94	432.85
独立学院	102.38	118.51	147.51
全国	2 019.81	3 249.80	3 983.14

从校均教学科研仪器设备资产总值情况看，2015—2017 年，全国各类高校校均教学科研仪器设备资产总值有很大程度增长。其中，"双一流"建设高校增长较为强劲，一般本科高校、新建本科高校和独立学院也有不同程度增长，只是增长较为平缓。

从教学科研仪器设备资产当年新增值看，各类高校累计教学科研仪器设备资产当年新增值为 4 539 859.74 万元，校均教学科研仪器设备资产当年新增值为 3 733.44 万元，生均教学科研仪器设备资产当年新增值为 0.2 万元。生均教学科研仪器设备资产当年新增值从高到低依次为一流大学建设高校（平均为 0.49 万元）、一流学科建设高校（平均为 0.26 万元）、一般本科高校（平均为 0.16 万元）和独立学院（平均为 0.05 万元）（表 2-5）。

表 2-5　2015—2017 年本科高校教学科研仪器设备资产当年新增值情况

高校类型	2015 年			2016 年			2017 年		
	校均科研仪器设备资产总值 / 亿元	校均教学科研仪器设备资产当年新增值 / 亿元	新增教学科研仪器设备资产占比 /%	校均科研仪器设备资产总值 / 亿元	校均教学科研仪器设备资产当年新增值 / 亿元	新增教学科研仪器设备资产占比 /%	校均科研仪器设备资产总值 / 亿元	校均教学科研仪器设备资产当年新增值 / 亿元	新增教学科研仪器设备资产占比 /%
一流大学建设高校	21.80	2.14	9.8	24.56	2.75	11.2	27.81	2.97	10.7
一流学科建设高校	7.29	0.78	10.7	8.06	0.95	11.8	8.87	0.97	10.9
一般本科高校	2.69	0.33	12.3	60.58	9.68	16	3.45	0.42	12.1
新建本科高校	1.00	0.12	12.3	1.11	0.13	11.9	1.19	0.15	12.2
独立学院	0.56	0.05	8.7	0.55	0.04	7.8	0.59	0.05	7.9
全国	2.21	0.25	11.4	26.40	4.16	15.7	3.27	0.37	11.4

再从生均教学科研仪器设备资产值看，2015—2017 年全国各类本科高校生均教学科研仪器设备资产值分别为 1.67 万元、2.30 万元和 2.49 万元。其中，一流大学建设高校生均教学科研仪器设备资产值分别为 8.35 万元、14.00 万元和 13.65 万元；一流学科建设高校生均教学科研仪器设备资产值分别为 3.63 万元、4.90 万元和 4.72 万元；一般本科高校生均教学科研仪器设备资产值分别为 1.54 万元、1.85 万元和 2.15 万元；新建本科高校生均教学科研仪器设备资产值分别为 1.05 万元、1.10 万元和 1.20 万元；独立学院生均教学科研仪器设备资产值分别为 0.60 万元、0.70 万元和 0.64 万元。各类高校生均教学科研仪器资产值均超过《普通高等学校基本办学条件指标（试行）》规定的合格标准（各类本科高校的生均教学科研仪器设备资产值需要达到 0.3 万元以上）。

四、网络硬件环境改善显著，图书及电子资源更加丰富

根据 2015—2017 年各年度、各种类型高校的教学基本状态数据监测数据显示，高校校均拥有纸质图书和期刊在全国水平分布情况为，校均拥有纸质图书 2015—2017 年分别为 139.8 万册，145.0 万册和 149.6 万册；校均拥有纸质期刊数量 2015—2017 年分别为 0.8 万册、0.8 万册和 0.7 万册；校均拥有纸质期刊种类 2015—2017 年分别为 1 837.1 种、1 555.1 种和 1 326.7 种。可见，校均拥有纸质图书数量呈现逐年递增的趋势，校均拥有纸质期刊的数量和种类则呈现逐年递减的趋势（表 2-6）。

同时，高校生均拥有纸质图书和期刊的情况，根据《普通高等学校基本办学条件指标（试行）》规定的合格标准，各类本科高校生均拥有纸质图书要达到 50 册以上，2015—2017 年全国各类高校生均拥有纸质图书数量均达到合格标准，高校生均拥有纸质图书数量全国水平分布情况分别为 105.7

表 2-6　2015—2017 年全国各类本科高校校均纸质图书和期刊数量情况

年份	项目	一流大学建设高校	一流学科建设高校	一般本科高校	新建本科高校	独立学院	全国
2015	校均纸质图书数量 / 万册	419.1	285.2	174.4	108.3	76.9	139.8
	校均纸质期刊数量 / 万册	4.4	2.8	1.2	0.3	0.3	0.8
	校均纸质期刊种类 / 种	7 532.1	5 679.7	2 304.6	1 098.5	990.7	1 837.1
2016	校均纸质图书数量 / 万册	418.6	239.6	171.0	113.5	76.0	145.0
	校均纸质期刊数量 / 万册	2.5	2.4	1.2	0.3	0.3	0.8
	校均纸质期刊种类 / 种	5 500.4	4 475.8	1 712.6	1 052.4	685.6	1 555.1
2017	校均纸质图书数量 / 万册	445.1	255.5	171.0	116.9	79.4	149.6
	校均纸质期刊数量 / 万册	1.0	2.2	1.0	0.3	0.4	0.7
	校均纸质期刊种类 / 种	3 041.3	2 399.9	1 647.7	968.7	642.5	1 326.7

表 2-7　2015—2017 年全国各类本科高校生均纸质图书和期刊数量情况

年份	项目	一流大学建设高校	一流学科建设高校	一般本科高校	新建本科高校	独立学院	全国
2015	生均纸质图书数量 / 册	160.6	138.5	99.7	113.5	81.9	105.7
	生均纸质期刊数量 / 册	1.7	1.4	0.7	0.3	0.3	0.6
	生均纸质期刊种类 / 种	0.3	0.3	0.1	0.1	0.1	0.1
2016	生均纸质图书数量 / 册	233.3	147.3	123.4	119.8	82.6	122.8
	生均纸质期刊数量 / 册	1.4	1.5	0.8	0.3	0.3	0.7
	生均纸质期刊种类 / 种	0.3	0.3	0.1	0.1	0.1	0.1
2017	生均纸质图书数量 / 册	218.5	136	106.5	117.2	86.3	114
	生均纸质期刊数量 / 册	0.5	1.2	0.6	0.3	0.4	0.6
	生均纸质期刊种类 / 种	0.2	0.1	0.1	0.1	0.1	0.1

册、122.8 册和 114 册（表 2-7）。

　　电子文献数量分布情况，2015—2017 年，全国各类高校校均拥有电子图书的数量分别为 124.02 万册、186.57 万册和 208.12 万册；生均拥有电子图书的数量分别为 93.4 册、154.42 册和 158.5 册。由此可见，高校的电子藏书数量逐年超过纸质图书藏书数量，且电子期刊藏书数量的增长速度明显超过纸质藏书增速（表 2-8），生均拥有电子图书的数量也逐年超过了纸质图书数量，且高校校均拥有的数据库个数增长非常迅速。据此可知，高校的教学科研电子化程度越来越高。

表 2-8　2015—2017 年全国各类本科高校新增纸质图书情况

年份	项目	一流大学建设高校	一流学科建设高校	一般本科高校	新建本科高校	独立学院	全国
2015	校均当年新增纸质图书 / 万册	11.36	9.38	6.98	6.21	5.05	6.50
	校均当年新增纸质图书增长率 /%	2.71	3.29	4.00	5.74	6.56	4.65
2016	校均当年新增纸质图书 / 万册	10.54	7.89	6.99	6.01	4.12	6.27
	校均当年新增纸质图书增长率 /%	2.52	3.29	4.09	5.29	5.42	4.33
2017	校均当年新增纸质图书 / 万册	11.86	9.62	6.45	6.18	3.77	6.18
	校均当年新增纸质图书增长率 /%	2.66	3.77	3.77	5.28	4.75	4.13

　　从校均图书流通量看，2015—2017 年，全国各类高校校均纸质图书流通量分别为 17.44 万本次、15.77 万本次和 14.45 万本次，校均电子资源访问量分别为 5.50 百万本次、8.82 百万本次和 11.51 百万本次。校均电子资源访问量是纸质图书流通量的 31.5 倍、56.67 倍和 79.68 倍。从生均图书流通量看，2015—2017 年，全国高校生均当年纸质图书流通量分别为 13.18 本次、

13.18 本次和 11.0 本次；生均电子资源访问量分别为 415.37 次、735.55 本次和 876.78 本次。生均电子资源访问量是纸质图书流通量的 31.52 倍、56.67 倍和 79.71 倍。可见，由于电子图书文献获取和使用相对便捷，电子图书文献的流通量增长十分迅速，而纸质图书的流通量呈现逐渐下降的趋势。

第二篇　教学质量新成效

第三章　贯彻立德树人根本标准，全员育人"大思政"格局基本形成

习近平总书记在 2016 年 12 月全国高校思想政治工作会议上的讲话中强调，高校要坚持把立德树人作为根本标准，把思想政治工作贯穿教育教学全过程，实现全程育人、全员育人、全方位育人，努力开创我国高等教育事业发展新局面。中共中央、国务院、教育部等相继出台《关于加强和改进新形势下高校思想政治工作的意见》《2017 年高校思想政治理论课教学质量年专项工作总体方案》《高等学校思想政治理论课建设标准（2017 年）》《普通高校思想政治理论课建设体系创新计划》等文件，全面贯彻落实全国高校思想政治工作会议精神，加强党对高校的领导，提升高校思想政治工作质量和水平，高校思想政治教育呈现新气象。

一、发挥教师的示范引领作用，师德师风展现新面貌

高校肩负着培养新时代可靠社会主义建设者和接班人的根本任务，教师品德对于学生一生成长具有引领和示范作用。师德师风正，则校风学风正。教师的思想品德、政治素质及人格风范对于学生世界观、人生观和价值观有着深远的影响，抓好教师的思想政治工作，就抓住了学生思想政治教育的关键，也就牢牢把握了意识形态工作的主动权。习近平总书记指出，"一

个人遇到好老师是人生的幸运，一个学校拥有好老师是学校的光荣，一个民族源源不断涌现出一批又一批好老师则是民族的希望。"

全国高校思想政治工作会议以来，全国各高校积极响应党中央的号召，按照"四个好老师"标准和"四有引路人"的要求，采取了一系列措施强化师德师风建设，取得了明显成效。为了引导广大教师以德修身、以德育人，各高校加大党对师德师风建设的领导，结合"三严三实"教育、教育实践活动教育以及学习党的十九大报告、学习习近平总书记系列重要讲话精神，强化教师思想政治教育力度，强化思想政治教育的引导，引导广大教师增强"四个意识"、坚定"四个自信"，把教师的教学科研工作统一到立德树人这一根本任务上来，自觉成为社会主义核心价值观的模范传播者、模范践行者，引领学生树立社会主义核心价值观。在 35 所部属高校审核评估自评报告中，有关"师德师风"的词频共计 531 次，提到师德师风"一票否决"的达到 37 次，强调教师教学中注重师德师风出现 93 次。可见，高校非常重视师德师风建设。

以湘潭大学为例，该校以纪念毛泽东同志为湘潭大学题写校名 58 周年为契机，教育引导广大党员和教职工从全局和战略高度，始终坚持立德树人，以新理念引领新行动，以新动力助推新发展，努力推进有鲜明特色的高水平现代大学建设。2016 年，学校还积极落实包括师德师风建设在内的党风廉政建设党委主体责任和纪委监督责任，构建主体明晰、责任明确、有机衔接的责任体系，明确和落实师德师风建设的具体举措和考核要求。2017 年，学校制定《湘潭大学行业不正之风专项整治工作实施方案》，要求把政治纪律和政治规矩挺在前面，不越底线，不触红线，使整治工作做到"纵向到底、横向到边"，努力营造风清气正的教育环境。

加强思政课教师队伍建设，建设理想信念坚定、师德高尚、理论功底扎实、教学效果良好的高水平思想政治理论课教师队伍，形成专兼结合、结构合理的教学人才体系。例如，北京市坚持党管人才，以有力的举措打造高层次教师队伍。一是注重全员培养。建设开放研修平台，组织教师网上选课、现场听课、课后评课，全面提高学习培训的覆盖面和实效性。二是注重名师引领。建设 15 个思政课名师工作室培养名师。每年选派 40 名中青年教师到北京大学等高校访学研修。三是注重激励保障。2016 年起按照人均每月 2 000 元标准为全体一线专职思政课教师发放补贴。评聘 100 名特级教授、200 名特级教师并给予专项奖励。浙江省为强化思政课教师队伍建设，在 17 所高校建立马克思主义学院，每年举办针对思政课骨干教师的系列专题培训班，重点研讨习近平总书记系列重要讲话精神，同时设立思政专项课题，研究阐释党中央治国理政新理念新思想新战略。通过一系列改革，学生对高校思政课的满意度明显提升，从 2013 年的 68.77% 逐年上升到 2016 年的 82.6%。又如，青海省实施全省高校思政理论课"特聘教授"制度，从党政机关、企事业单位、科研机构邀请一批专家学者，为省内各高校师生讲思政理论课，将学校教育与"特聘制度"有机结合起来，进而加强思政课教师队伍建设，构建思政课教学人才新体系。

许多高校把师德师风建设纳入教师培训体系，将师德师风表现作为教师年度考核、岗位聘任、职称评聘、评优奖励的首要标准，融入教师职业发展全过程。例如，四川大学新教师教学能力培训涵盖师德师风、世界高等教育动态、课程设计、教学方法创新、学业评价改革、高教文献研读、教育信息化、教学观摩、团队拓展训练以及教学实践等多个模块。培训效果评估调查显示：100% 的老师认为培训增加了对人才培养的使命感和职业自豪感，93% 的老师认为培训帮助理解了高等教育理念和方法，80% 的老师认为增进了和其他学院老师们的交流与沟通。新疆大学以"教师在线学习中心"为平台，组织该校 200 多名教师积极参加网络在线课程培训。通过一系列的培训，增强了教师的责任感、荣誉感，产生了一大批教学能手、师德标兵、思想政治教育先进个人或集体，起到了积极的表率和示范作用。

二、发挥课堂教学主渠道作用，"课程思政"协同效应增强

习近平总书记明确指出，做好高校思想政治工作，要用好课堂教学这个主渠道。思想政治理论课要坚持在改进中加强，提升思想政治教育亲和力和针对性，满足学生成长发展需求和期待。其他各门课都要守好一段渠、种好责任田，使各类课程与思想政治理论课同向同行，形成协同效应。

围绕着这一核心任务，各高校以"课程思政"为抓手，构建思想政治教育体系，把思政工作贯穿于教育教学全过程。例如，上海市所有高校都成立了课程思政改革领导小组，具体推进改革工作，各高校将所有课程划分为思想政治教育显性课程和隐性课程，显性课程即高校思想政治理论课，隐性课程包含综合素养课程和专业教育课程，把专业课上出了"德育味"，把综合课上出了"思政味"。四川省各高校让思政课走出教室，将思政教育与专业、实践、生活相结合，积极开展大学生思政课学习成果展示系列活动，通过艺术展、公开课、微电影、夏令营等形式，增强学生学习思政课的主动性、积极性，引导广大学生正确认识世界和中国发展大势，不断坚定"四个自信"。内蒙古自治区实施高校思想政治课创新工程，在全区高校重点打造 100 个思政课骨干教师示范课堂，并推动高校与旗县区结对共建，将鲜活的实践与理论融入思政课，让思政课真正"红"起来。这些事例说明，重视课程教学主渠道作用是高校思想政治工作的重要抓手，各高校已经形成了"思政课程"与"课程思政"的协同效应，课堂教学已筑成了同向同行的"大思政"格局。

创新思政课教学方式方法，思政课教学在改进中不断提高。按照在改进中加强思想政治教育课的总体要求，各地各高校不断探索创新思想政治教育

方法，在思政课教学中将理论与实践相结合，线上与线下相结合，出现了一大批加强思政教育的典型经验和做法。

1. 抢占网络阵地，拓展思政教育空间。例如，广东省高校运用信息技术手段，建设高校新媒体联盟，开展思想政治教育。省教育厅官微"广东教育" 2014 年开通以来，打造"不讲官话的官微"，粉丝数超过 60 万人，全年阅读量超过 2 830 万次，是广东唯一年阅读总量破千万的省级政务微信，在弘扬广东高校正能量、讲好广东高校故事方面发挥了示范带动作用。中山大学、暨南大学、华南农业大学、华南师范大学、广东工业大学等多所高校官微在全国高校官微排行榜中经常名列前茅，高校官媒体系在校园新型舆论阵地的主导作用开始显现。

2. 引入红色资源，传承红色文化基因。例如，江西师范大学落实思想政治理论课红色基因传承"一课一品"实践教学，包括阅读红色经典、革命老区社会调查、参观红色基地、情感道德体验等方式，让学生在实践中体验红色文化，传承红色基因。在课堂外，每年选拔 50 名左右学生组建"大学生红色文化宣讲团"，先后开展了红色宣讲"井冈行""延安行""苏区行""八一行"和"西柏坡之旅""重走长征路"等实践体验，寻访红军足迹，瞻仰革命旧址，收集整理革命故事，感悟红色革命精神。宣讲团成员在接受红色文化实践教育后，返回思政课堂宣讲红色文化，实现了红色文化传承的全覆盖，创造了"点面结合"的红色基因传承新模式。

3. 提升思想政治教育针对性和实效性。例如，西安交通大学从 2009 年开始，针对思政课教学中"理论联系实际"的问题，坚持"练内功、求实效、抓教师、促三进"的教改指导思想，形成了"三理贯通"（政理、学理、事理贯通）、"三环相扣"（专题式讲授、主题式开放讨论、多样化主题社会实践相扣）的教学理念和实践模式，在课程改革和教学上取得良好效果，形成了可推广的经验。厦门大学坚持深化思想政治教育课程教学改革，积极引入现代教育技术手段，形成了"专题教学 + 网络自主学习 + 实践教学"三结合思想政治教育模式，有效地调动了思想政治教育课程师生的主动性和积极性。清华大学采用线上线下教学相结合的方式，探索思政课慕课教学。上海交通大学推出"读懂中国"课程。武汉大学思政课由学生提出问题，教师在 24 h 内作答。江南大学打造《宝哥说》校园文化脱口秀，让思想政治教育鲜活起来。

三、打造精品课程教材，"马工程"教材建设和推广成效显著

习近平总书记在全国高校思想政治工作会议上明确指出，教材建设是育人育才的重要依托。建设什么样的教材体系，核心教材传授什么内容、倡导什么价值，体现国家意志，是国家事权。按照中央要求，各地各高校以精品教材建设和"马工程"重点教材建设为依托，创新教材形态，规范教材选用，加强教材管理，出现了一系列精品课程教材建设成果。

"马工程"重点教材建设是一项重要任务。为了推进"马工程"教材建设和使用，中宣部、教育部从 2010 年起连续 6 年举办"马工程"新出版教材示范培训班，培训教师 5 000 余人；推进线下线上培训的结合，通过教育部全国高校教师网络培训中心录制示范培训讲课视频，用于后期开展在线培训；与教育部全国高校教师网络培训中心合作，开展《西方经济学》等 5 种"马工程"重点教材对应课程网络培训，参加培训教师近千人。各地各高校举办本地本校任课教师培训班，累计培训教师 24.8 万人次；2017 年，教育部进一步将"马工程"重点教材使用情况作为基本指标纳入本科教学基本状态数据库，使"马工程"重点教材使用情况成为本科教学评估的重要内容，并明确提出各地各高校要把"马工程"重点教材使用纳入党委意识形态工作之中，进一步强化党委领导班子的意识形态工作主体责任。2017 年，"马工

程"重点教材已在 500 余所高校使用，较 2016 年增长 72%。思想政治理论课教材在全国高校学生中的使用率连续数年保持在 95% 以上，为大学生开展系统的马克思主义理论教育提供了教学规范，为社会主义核心价值观"进教材，进课堂，进头脑"打下了坚实基础。

　　充分发挥新形态教材在课堂教学改革和创新方面的作用。在"互联网 +"时代背景下，通过技术手段让纸质教材与移动互联网连起来，融合在线数字化教学资源，已成为高校教材建设一个不可逆转的趋势。例如，浙江省组织开展了 2017 年普通高校新形态教材建设项目，推进"互联网 + 教育"背景下"十三五"教材建设，鼓励教师利用信息技术创新教材形态，充分发挥新形态教材在课堂教学改革和创新方面的作用，不断提高课程教学质量。"十三五"期间，江苏省教育厅继续推进江苏高校重点教材建设工作。2017年立项建设省高校重点教材 349 部，其中修订教材 201 部、新编教材 148部。上海各高校深入实施高校哲学社会科学繁荣计划，切实加强课程教材建设。如复旦大学开展"名师、名课、名教材"建设，组织高水平师资积极参与构建中国特色哲学社会科学教材体系，引导教师将教材作为体现国家意志、融入中国特色治国理政新思想的重要载体。在马克思主义理论研究和建设工程重点教材使用方面，复旦大学不仅严格按照规定在相关课程中全面使用指定教材或参考教材，而且通过定期对参与"马工程"教材编写的教师进行培训，以座谈会、调研等方式总结教材使用的有效方法以便加以推广，梳理存在的问题为提高使用成效提供建议。

第四章 教师队伍结构不断优化，专业能力和教学效果有效提升

　　师资队伍建设是大学永恒的话题，也是立教之基、兴教之本、强教之源，是学校核心竞争力的综合体现。围绕着师资队伍建设，全国各高校加大了队伍建设力度，并采取了一系列措施加强师德师风建设，提升教师业务能力水平，充实教师队伍人员数量，优化教师队伍结构，激发教师队伍活力，高校师资队伍总体上能够满足人才培养需要并呈现出良好的发展态势。

一、教师的学历和职称结构不断优化

　　在发展篇中，本报告从数量、学历、职称、年龄等方面对教师队伍情况进行了说明。从中不难看出，数量有了平稳增长，结构得到优化。2017年，各高校专任教师中具有博士学位的比例平均为36.65%，具有硕士学位的专任教师的比例平均为46.63%，两者相加之和超过83%，证明我国本科高校高学历人口占教师总数绝对多数，这为提高教师教育教学水平和研究能力奠定了非常扎实的基础。具有学士学位专任教师的比例平均为14.17%，与上一年相比，高学历人口比例呈现持续提高趋势。其中，博士学位提升约10个百分点。从具有博士学位专任教师比例看，一流大学建设高校具有博士学位教师的比例达到77.15%，比上一年提升12个百分点；一流学科建设高校具有博

士学位教师的比例达到 60.91%，比上一年提升 9 个百分点；一般本科高校具有博士学位教师的比例为 28.41%，独立学院具有博士学位教师的比例为 14.60%，比上一年提升 3 个百分点。高校教师队伍中，研究生学历毕业的已经超过 80%，学历结构正在进一步合理化。

职称代表教师队伍的学术水平和教学能力。从职称结构看，2017 年各高校专任教师中具有正高职称教师比例平均为 16.44%，比 2016 年提高 2 个百分点；具有副高职称教师的比例平均为 32.94%，比 2016 年提高 2 个百分点；具有中级职称教师的比例平均为 39.30%，比 2016 年降低 2 个百分点；具有初级职称教师的比例平均为 6.53%，其他职称教师的比例平均为 4.79%。专任教师总体职称结构比较合理。但在不同类型高校，存在发展不平衡的情况。具体如下：一流大学建设高校副高以上职称占 72.54%，比 2016 年提高 9 个百分点；一流学科建设高校副高以上职称占 60.87%，比 2016 年提高 4 个百分点；一般本科高校副高及以上职称占 45.49%，比 2016 年提高 3 个百分点；独立学院副高以上职称 33.88%，比 2016 年提高 1 个百分点。

二、教师的国际化程度不断提高

2017 年各高校专任教师中，本校毕业的累计 186 320 人（校均 190.32 人），境内外校毕业的累计 743 768 人（校均 616.72 人），境外外校毕业的累计 62 324 人（校均 54.01 人）。从专任教师学缘结构看，本校毕业的专任教师所占比例为 18.77%，境内外校毕业的专任教师所占比例为 74.95%，境外外校毕业的专任教师所占比例为 6.28%（表 4–1，表 4–2）。

由此可见，现阶段我国高校专任教师队伍仍以境内培养为主，但在不同类型的高校之间存在不平衡的现象。以境外外校毕业教师所占的百分比为例，一流大学建设高校境外外校毕业的教师占 13.82%，一流学科建设高校境外外校毕业的教师占比为 8.62%，一般本科高校和独立学院的教师绝大多数为境内外校培养，境外外校毕业的教师占比分别为 4.83% 和 4.89%（表4-2）。相较于以往，高校教师的学缘结构逐渐趋于合理，国际化程度和水平也在不断提升。

表 4-1 2017 年各类本科高校专任教师（总人数）学缘结构（单位：人）

项目	一流大学建设高校	一流学科建设高校	一般本科[*]高校	独立学院	总计
专任教师	104 317	130 512	674 400	83 182	992 411
专任教师（本校毕业）	50 564	46 116	84 761	4 879	186 320
专任教师（境内外校毕业）	39 339	73 141	557 051	74 237	743 768
专任教师（境外外校毕业）	14 414	11 255	32 589	4 066	62 324

* 本章及以后各章中，如未列出"新建本科高校"，"一般本科高校"将包含其数据。

表 4-2 2017 年各类本科高校专任教师（校均）学缘结构

项目	一流大学建设高校	一流学科建设高校	一般本科高校	独立学院	总计
校均 / 人	2 544.32	1 403.35	807.66	342.31	818.82
校均（本校毕业）/ 人	1 233.27	495.87	124.47	29.75	190.32
校均（境内外校毕业）/ 人	959.49	786.46	669.53	309.32	616.72
校均（境外外校毕业）/ 人	351.56	121.02	40.04	19.74	54.01
本校毕业占比 /%	48.47	35.33	12.57	5.87	18.77
境内外校毕业占比 /%	37.71	56.04	82.60	89.25	74.95
境外外校毕业占比 /%	13.82	8.62	4.83	4.89	6.28

三、双师双能型教师数量逐步增加

培养理论与实践结合、学以致用的专门人才，离不开双师双能教师队伍。从双师双能型教师数量及比例看，2017 年各高校专任教师中双师双能型教师累计为 199 272 人，校均拥有双师双能型专任教师人数为 181.16 人，占专任教师的比例平均为 20.08%。比 2016 年总体提高 1 个百分点，其中一流大学建设高校占比为 24.09%，一流学科建设高校占比为 14.10%，此两者提高不明显；一般本科高校占比为 21.39%，比 2016 年提高 2 个百分点，独立学院占比为 13.80%。总体而言，双师双能型教师的占比在不同类型的高校略有差异，但双师双能型教师的总体数量处于逐步增加的状态（表 4-3）。

表 4-3　2017 年各类本科高校双师双能型专任教师

项目	一流大学建设高校	一流学科建设高校	一般本科高校	独立学院	总计
总数 / 人	25 133	18 398	144 264	11 477	199 272
校均数 / 人	718.09	219.02	184.95	57.1	181.16
占比 /%	24.09	14.10	21.39	13.80	20.08

从具有工程背景教师数量及比例看，2017 年各高校专任教师中具有工程背景教师累计为 106 544 人，校均拥有此类教师 108.83 人，占专任教师的比例平均为 10.74%。其中一流大学建设高校占比为 26.71%，一流学科建设高校占比为 11.88%，一般本科高校占比为 8.57%，独立学院占比为 6.43%（表 4-4）。

从具有行业背景教师数量及比例看，2017 年各高校专任教师中具有行业背景教师累计为 164 614 人，校均拥有具有行业背景专任教师 152.42 人，占专任教师的比例平均为 16.59%。其中一流大学建设高校占比为 26.56%，一流学科建设高校占比为 14.61%，一般本科高校占比为 16.01%，独立学院占比为 11.86%（表 4-5）。

表 4-4　2017 年各类本科高校具有工程背景专任教师

项目	一流大学建设高校	一流学科建设高校	一般本科高校	独立学院	总计
总数 / 人	27 861	15 505	57 827	5 351	106 544
校均数 / 人	714.38	215.35	82.02	32.83	108.83
占比 /%	26.71	11.88	8.57	6.43	10.74

表 4-5　2017 年各类本科高校具有行业背景专任教师

项目	一流大学建设高校	一流学科建设高校	一般本科高校	独立学院	总计
总数 / 人	27 704	19 063	107 979	9 868	164 614
校均数 / 人	729.05	229.67	139.87	52.77	152.42
占比 /%	26.56	14.61	16.01	11.86	16.59

从高校外聘教师单位看，2017 年各高校外聘专任教师中，来自高等学校的占 47.3%，来自行政单位的占 3.7%，来自企业的占 19.3%，来自其他单位的占 20.3%，来自科研单位的占 7.7%，来自部队占 1.7%（表 4-6）。

表 4-6　2017 年各类本科高校外聘专任教师单位

项目	一流大学建设高校	一流学科建设高校	一般本科高校	独立学院	总计
来自高等学校占比 /%	39.5	41.5	40.8	80.4	47.3
来自行政单位占比 /%	1.4	4.9	4.2	1.4	3.7
来自企业占比 /%	13.8	23.0	23.4	8.1	19.3
来自科研单位占比 /%	12.4	12.3	6.3	1.0	7.7

续表

项目	一流大学 建设高校	一流学科 建设高校	一般本科 高校	独立 学院	总计
来自部队占比 /%	0.5	1.6	2.2	0.5	1.7
来自其他单位占比 /%	32.4	16.7	23.1	8.5	20.3
合计占比 /%	100.0	100.0	100.0	100.0	100.0

四、教师的专业能力持续提高

教学既是一门科学，也是一门艺术。掌握先进的教育理念和教学方法，对于推动教育教学改革，提升教师教学能力，提高课堂教学效果具有重要促进作用。

1. 建设教师教学发展中心。在国家的大力倡导下，各高校高度重视教师教学能力培养，成立了一大批教师教学发展中心，为提高教师的教学能力提供了组织保障。据 2017 年高校质量报告显示，全国范围内已成立教师发展中心等类似机构的高校数量达到了 766 所，教师教学发展中心建设已经逐渐成为高校教师发展的一个标配，为提高教师教学能力提供专业化的服务。

例如，南京信息工程大学教师发展中心独立运行以来，全年对 121 名新进教师开展了培训，共有 79 人获得主讲教师资格。举办了包括教学工作坊、教学午餐会、教师发展高端讲座以及教学竞赛培训在内的各类培训活动共计 50 余场。学校建设了教师在线学习中心，整合了国家优质教学资源和成果，可供全校教师免费在线学习。新教师在主讲资格培训结束前必须完成规定学时的在线学习任务。此外，学校还组织教师参加全国高等院校工程应用技术教师大赛、全国高校外语教学大赛等系列重要赛事，有利推动了教师教学能力培养。

又如，广东省于 2017 年 12 月以"新师范"建设为契机，举办了广东省本科高校教学名师讲坛暨教师教学发展中心建设经验交流活动，全省 61 所本科高校教师教学发展中心及教务部门负责人参加活动，参加活动的代表就本科高校教师教学发展中心建设的经验、模式、路径进行了专题交流和圆桌对话，有效地推动了全省教师教学发展中心建设。再如，厦门大学自教师发展中心成立以来，坚持以追求卓越为宗旨，通过举办教学技能比赛、开展骨干教师夏令营活动、建设教师影像档案袋、开展教学沙龙等形式，着力引导学校形成一股尊重教学、追求卓越教学的教学质量文化，在全国产生了示范性的影响。

2. 加强教改立项研究，教师参与教改积极性明显提升。深化教育教学改革是高等教育发展的强大动力。教改研究项目的设立，主要是解决人才培养和教学中的方法、内容等实践性问题，其目的是改进教学，提高教学质量。在各地各高校的教学改革推动下，教师参与教学改革积极性明显提升。2017 年，各高校累计立项各类教学改革项目 22 516 项，累计参与教师 212 621 人次，平均各校立项教改项目 20.38 项，参与教学改革研究教师达 192.77 人次（表 4–7）。

表 4–7　2017 年各类本科高校教学改革项目立项情况

项目	一流大学建设高校	一流学科建设高校	一般本科高校	独立学院	总计
教改项目数 / 个	1 271	2 364	17 557	1 324	22 516
校均教改项目数 / 个	31.77	26.56	22.6	6.65	20.38
师均教改项目数 / 个	0.01	0.02	0.02	0.01	0.02
参与教师 / 人次	15 142	24 480	162 356	10 643	212 621
校均参与教师 / 人次	388.26	275.06	209.22	53.48	192.77

3. 教师的著作和专利稳中有升。全国高校教师在著作出版、专利获批等方面的数据较去年稳中有升，反映了高校教师的专业能力在整体上处于一种不断上升的趋势。

从高校教师出版专著看，2017 年各高校教师累计出版著作 24 532 部，其中译著 2 328 部，专著 22 068 部，辞书 136 部，校均教师出版著作 23.50 部。从教师出版著作占比看，教师出版专著占 89.96%，教师出版译著比例仅为 9.49%，出版辞书占比为 0.55%（表 4–8）。

表 4–8　2017 年各类本科高校教师出版著作

项目	一流大学建设高校	一流学科建设高校	一般本科高校	独立学院	总计
出版著作 / 部	4 400	4 616	15 028	488	24 532
出版译著 / 部	607	539	1 134	48	2 328
出版专著 / 部	3 735	4 055	13 839	439	22 068
出版辞书 / 部	58	22	55	1	136
校均出版著作 / 部	107.32	49.63	19.59	3.41	23.50
出版译著占比 /%	13.80	11.68	7.55	9.84	9.49
出版专著占比 /%	84.89	87.85	92.09	89.96	89.96
出版辞书占比 /%	1.32	0.48	0.37	0.20	0.55

从高校教师获得专利看，2017 年各高校累计获准专利数 126 523 项（其中发明专利 58 838 项、外观专利 5 401 项、实用新型专利 43 659 项、著作权专利 18 621 项），校均获准专利数平均为 123.32 项（其中发明专利 78.87 项、外观专利 13.47 项、实用新型专利 46.64 项、著作权专利 35.54 项）。教师平均发明专利为 0.12 项。从高校发明专利各类占比看，发明专利占比 46.50%，外观专利占比 4.27%，实用新型专利占比为 34.51%，著作权专利

占比 14.72%（表 4-9，表 4-10）。

表 4-9　2017 年各类本科高校教师获得专利数（单位：个）

项目	一流大学建设高校	一流学科建设高校	一般本科高校	独立学院	总计
专利总数	26 273	27 659	69 905	2 686	126 523
发明专利	19 857	15 796	22 381	804	58 838
外观专利	194	501	4 505	201	5 401
实用新型专利	4 015	6 776	31 614	1 254	43 659
著作权	2 207	4 585	11 404	425	18 621

表 4-10　2017 年各类本科高校校均教师获得专利数（单位：个）

项目	一流大学建设高校	一流学科建设高校	一般本科高校	独立学院	总计
专利总数	640.8	337.3	91.98	18.78	123.32
发明专利	484.32	202.51	39.89	12.18	78.87
外观专利	10.78	14.74	14.53	5.15	13.47
实用新型专利	100.38	88	45.23	10.45	46.64
著作权	91.96	81.88	29.09	8.17	35.54
师均专利数	0.22	0.2	0.1	0.04	0.12

五、教师的本科教学投入进一步增强

本科教学是学校教学工作的基础，也是提升人才培养质量最为基础性的工作，重视本科教学就是重视学校的未来。已有质量报告显示，为激励广大教师从事教学工作，增强荣誉感、责任感，全国各高校不断强化和完善教师教学激励工作机制，通过政策引导、强化纪律、严格管理、名师评选、树立典型等手段，引导广大教师把主要精力投入到人才培养当中，关心本科教育、聚焦课堂教学，教授给本科生上课得到进一步巩固并成为学校的常态化教育制度。根据 35 所部属高校审核评估自评报告，有关教学奖励的词频累计出现 682 次，教学事故的词频累计出现 119 次。2016—2017 年度给本科生上课的副教授达 341 408 人，给本科生上课的教授达 167 554 人，平均每个高校给本科生上课的教授达 138.70 人，给本科生上课的副教授达 282.62 人，给本科生上课的教授和副教授占全校教师比例平均达到 43%，如果加上其他高职称人数，则给本科生上课的高职称教师占全体授课教师的比例接近 50%（表 4-11）。

表 4-11　2016—2017 年度高校高职称教师给本科生授课情况

项目	一流大学建设高校	一流学科建设高校	一般本科高校	独立学院	总计
授课教师总数（副教授）/ 人	38 914	50 736	223 486	28 272	341 408
授课教师总数（教授）/ 人	30 775	29 658	96 687	10 434	167 554
授课教师总数（其他副高级）/ 人	6 399	6 374	35 259	4 570	52 602
授课教师总数（其他正高级）/ 人	3 204	3 341	14 684	1 889	23 118
平均值（副教授）/ 人	949.12	545.55	269.91	114.93	282.62
平均值（教授）/ 人	750.61	318.90	116.77	42.41	138.70
平均值（其他副高级）/ 人	156.07	68.54	42.58	18.58	43.54
平均值（其他正高级）/ 人	78.15	35.92	17.73	7.68	19.14
平均值（副教授占比）/%	34.79	33.92	28.24	21.77	28.87
平均值（教授占比）/%	27.52	19.83	12.22	8.03	14.17
平均值（其他副高级占比）/%	5.72	4.26	4.46	3.52	4.45
平均值（其他正高级占比）/%	2.86	2.23	1.86	1.45	1.95

六、课堂教学改革效果得到学生认可

提升课堂教学质量，必须切实推进课堂教学革命。为强化课程管理，2017 年教育部党组印发了《关于加强高校课堂教学建设　提高教学质量的指导意见》。按照《意见》要求，全国各地各高校坚持以立德树人为主线，通过完善课程设置管理、健全教学大纲核准和教案评价制度、健全教材选用制度、深化课堂教学改革、改进课堂教学过程管理、完善教师管理、提升教师课堂教学能力，激励高校和教师进行改革创新等，开启了课堂教学改革新篇章。

1. 推动小班授课，课堂教学"单声道"现象得到较大改善

课堂教学是本科教育教学的核心之一，是人才培养的主渠道、主阵地，也是落实立德树人根本任务的关键环节，课堂教学改革是教育改革的核心。为切实提高课堂教学效果，推进社会主义核心价值教育贯穿于人才培养全过程，2017 年，教育部党组印发了《关于加强高校课堂教学建设　提高教学质量的指导意见》，根据这一指导意见，各地各高校强化课程教学管理，完善教学管理制度，革新教学方法与手段，推进小班授课，有效地保障了课堂教学质量。2017 年全国专业课班级规模平均为 55.24 人（表 4–12）。

表 4–12　2017 年各类本科高校专业课班级规模（单位：个）

项目	一流大学建设高校	一流学科建设高校	一般本科高校	独立学院	总计
专业课平均班级规模	47.37	48.56	53.93	63.59	55.24

在大力推进小班授课的同时，各地各高校大力推广案例式、问题导向式、启发式、讨论式、参与式等教学方法的融合运用，增强学生学习的积极

性。例如，复旦大学提出了"对分课堂"这种新型教学模式，形式上是把课堂时间一分为二，一半留给教师讲授，一半留给学生进行讨论，实质上是在讲授（presentation）和讨论（discussion）之间引入了内化（assimilation）环节，让学生对讲授内容进行吸收之后，有备而来地参与讨论，简称为 PAD 课堂。对分课堂教学模式创新整合讲授法与讨论法，构建师生分享权力、共担责任的民主课堂。截至 2017 年 10 月，经过不到三年的推广，已经传播到全国，在 1 200 多所高校的上千门课程近 80 万学生群体中成功运用，获得高度认可。

又如，西安交通大学马克思主义学院注重对教学理念、教学方法的研究，提出了"批判性建构教学理念""学理 – 政理 – 事理相融通"等先进教学理念，并在教学理念引领和支撑下推行专题式教学，以提升思政课的亲和力和教学效果。同时将马克思主义中国化的最新理论成果引入课堂，以学理说服学生；将更新的形势与政策素材引入课堂，用时事吸引学生；将学生最关心的热点、难点、焦点问题引入课堂，在交锋中进行引领，以正能量引领学生；线下线上结合，运用信息化手段助力思政课建设的前进步伐。

2. 积极引入信息技术，互联网＋课堂教学模式深度融合

互联网平台和现代信息技术的发展推动了新一轮教学模式改革的探索与实践。随信息技术手段的融入，慕课、微课、翻转课程等新型教学形态正在悄然改变着我国高校教育教学的模式。近年来，在教育信息化战略大背景下，各高校积极推进新技术支持下的教育教学模式创新，涌现出线上线下相结合教学、互动混合式教学、项目式教学等一大批新型教学模式和改革案例。

例如，清华大学和学堂在线共同推出新型智慧教学工具"雨课堂"，将现代信息技术手段融入到课内外教学中，搭建了课外学习与课堂教学间的沟通桥梁，让课堂互动永不下线。授课教师通过这个软件，可以向学生手机上发送授课的 PPT、习题、视频、语音等学习材料，学生只要扫二维码进入课堂，在微信里就可以看到老师实时推送的学习材料。在课堂讨论时，学生们可以发送弹幕，给老师留言，亦可进行班级讨论。老师可根据同学们点击的"不懂"和发送的弹幕，及时答疑和调整自己的授课节奏。

又如，辽宁省深入推进线上线下混合式跨校修读学分，坚持团队协作、跨校教研，改革教学方法，以优质课程教学资源共建共享，促进教育教学观念转变、教学内容更新和教学方法改革。建课方和用课方教师联合组建课程团队，跨校统一备课，共同商定课程大纲、教学进度安排、教学方式、考核方式等。建课方教师根据教学需要，到用课方学校开展一定学时的面授，课程修读完成后，由建课方教师所在学校出具考核成绩，学生所在学校准予认定学分。课程教师积极进行教学改革，广泛应用翻转课堂、混合教学等方式，推进信息技术与教学内容深度融合。

再如，新疆维吾尔自治区推行了混合式教学模式改革。搭建基于网络教学平台、慕课平台等的在线课程平台，建设了一批以大规模在线开放课程为代表、课程应用与教学服务相融合的优质在线开放课程，鼓励教师开展翻转课堂、MOOCS、SPOC、手机课堂等网络教学与传统教学相结合的混合式教学改革试点，并将"混合式"教学模式改革应用到"网络学习类"选修课程模块中，开设东西部高校共享联盟课程和自主研发的网络选修课。推动优质课程的转型升级，以优质课程建设项目为依托，持续推动精品课程、一类课程、二类课程教学模式综合改革，鼓励教师实施多样化的教学方法，持续提升课堂教学水平。

3. 高校课堂教学得到学生认可，教学质量进一步提升

课堂教学是学生获取知识、发展素质和能力的主要渠道。根据全国高校教学状态数据显示，学生对课程评教的优良率达到了 97.44%，同行督导评教的优良率达到了 94.50%，领导评教优良率达到 94.42%。但优秀的比例不高，学生评价的优秀率为 76.62%，同行督导评教的优秀率为 59.84%，领导评教优秀率为 60.11%。由此可见，高校课堂教学总体上得到学生认可，但离理想的课堂教学的期待相比，高校课堂教学质量还有待进一步提升（表 4-13，表 4-14，表 4-15）。

表 4-13　2017 年各类本科高校学生评教情况（单位：%）

项目	一流大学建设高校	一流学科建设高校	一般本科高校	独立学院	总计
平均值（学生评教覆盖比例）	90.66	92.81	94.8	93.89	94.32
平均值（学生评教优）	78.1	78.56	76.53	75.95	76.62
平均值（学生评教良好）	18.65	19.44	21.09	20.83	20.82

表 4-14　2017 年各类本科高校同行评教情况（单位：%）

项目	一流大学建设高校	一流学科建设高校	一般本科高校	独立学院	总计
平均值（同行督导评教覆盖比例）	32.29	44.8	70.21	66.37	66.18
平均值（同行督导评教优）	58.57	58.88	61.56	54.41	59.84
平均值（同行督导评教良好）	36.24	37.36	33.36	37.88	34.66

表 4-15　2017 年各类本科高校领导评教情况（单位：%）

项目	一流大学建设高校	一流学科建设高校	一般本科高校	独立学院	总计
平均值（领导评教覆盖比例）	12.82	22.95	45.18	43.99	42.07
平均值（领导评教优）	65.81	67.86	60.11	56.04	60.11
平均值（领导评教良好）	30.61	31.34	34.22	36.48	34.31

第五章 坚持成果导向，学生综合素养增强

一、毕业率和学位授予率均保持稳定

从毕业率情况看，根据全国 40 401 个专业布点统计，2017 年全国本科高校毕业率平均达到 96.7%，与 2016 年全国毕业率平均 97.8% 相比，较为稳定。从不同学科门类看，从高到低依次是哲学（98.5%）、法学（98.2%）、历史学（98.2%）、医学（98.1%）、文学（98.0%）、管理学（97.3%）、经济学（97.2%）、教育学（97.1%）、理学（96.8%）、农学（96.7%）、建筑学（96.7%）、工学（95.9%）和艺术学（95.9%）（表 5–1，表 5–2）。

表 5–1　2017 年各类本科高校毕业率

项目	一流大学建设高校	一流学科建设高校	一般本科高校	新建本科高校	独立学院	总计
专业点数/个	2 696	3 350	21 729	7 633	4 993	40 401
毕业率/%	96.0	96.2	96.7	97.6	96.5	96.7

表 5–2　2017 年分学科门类毕业率

项目	法学	工学	管理学	建筑学	教育学	经济学	理学
专业点数/个	1 500	13 063	6 361	18	1 448	1 970	5 108
毕业率/%	98.2	95.9	97.3	96.7	97.1	97.2	96.8

续表

项目	历史学	农学	文学	医学	艺术学	哲学	总计
专业点数 / 个	290	952	4 432	867	4 325	67	40 401
毕业率 /%	98.2	96.7	98.0	98.1	95.9	98.5	96.7

从学位授予率情况看，根据全国 40 401 个专业布点统计，2017 年全国学位授予率平均达到 96.4%（2016 年全国学位授予率平均为 96.9%）。从不同学科门类看，从高到低依次是艺术学（99.1%）、建筑学（99.0%）、历史学（98.4%）、法学（97.9%）、文学（97.8%）、教育学（97.0%）、管理学（96.9%）、经济学（96.8%）、理学（96.5%）、哲学（96.4%）、医学（96.0%）、农学（96.0%）、工学（95.5%）（表 5-3，表 5-4）。

表 5-3　2017 年分学校类型学位授予率

项目	一流大学建设高校	一流学科建设高校	一般本科高校	新建本科高校	独立学院	总计
专业点数 / 个	2 696	3 350	21 729	7 633	4 993	40 401
学位授予率 /%	95.6	96.6	96.9	96.5	94.9	96.4

表 5-4　2017 年分学科门类学位授予率

项目	法学	工学	管理学	建筑学	教育学	经济学	理学
专业点数 / 个	1 500	13 063	6 361	18	1 448	1 970	5 108
学位授予率 /%	97.9	95.5	96.9	99.0	97.0	96.8	96.5

项目	历史学	农学	文学	医学	艺术学	哲学	总计
专业点数 / 个	290	952	4 432	867	4 325	67	40 401
学位授予率 /%	98.4	96.0	97.8	96.0	99.1	96.4	98.4

二、毕业生就业率保持稳定

从就业率情况看，根据全国 40 401 个专业布点的统计，2017 年全国就业率平均保持在 89.2%（2016 年就业率全国平均为 89.1%）。从不同学校类型看，只有独立学院就业率略低，其他各类高校都在保持 90% 左右。从不同学科门类的就业率看，工学就业率最高（90.4%），然后依次是哲学（89.4%）、管理学（89.3%）、文学（89.1%）、农学（89.0%）、经济学（88.8%）、理学（88.6%）、艺术学（88.5%）、医学（87.3%）、教育学（87.1%）、建筑学（86.3%）、法学（86.3%）、历史学（85.4%）（表 5-5，表 5-6）。

表 5-5　2017 年分学校类型专业就业率

项目	一流大学 建设高校	一流学科 建设高校	一般本科 高校	新建本科 高校	独立 学院	总计
专业点数 / 个	2 696	3 350	21 729	7 633	4 993	40 401
就业率 /%	90.1	89.6	89.0	90.4	87.4	89.2

表 5-6　2017 年分学科门类就业率

项目	法学	工学	管理学	建筑学	教育学	经济学	理学
专业点数 / 个	1 500	13 063	6 361	18	1 448	1 970	5 108
就业率 /%	86.3	90.4	89.3	86.3	87.1	88.8	88.6

项目	历史学	农学	文学	医学	艺术学	哲学	总计
专业点数 / 个	290	952	4 432	867	4 325	67	40 401
就业率 /%	85.4	89.0	89.1	87.3	88.5	89.4	89.2

从学生就业去向看，就业学生总数达 3 505 605 人，其中政府机构就业 72 621 人，事业单位就业 289 656 人，企业就业 2 035 391 人，部队就

表 5-7 2017 年分类型高校学生就业升学情况

项目	一流大学建设高校		一流学科建设高校		一般本科高校		独立学院		就业升学人数和占比总计	
各类型学校数	41		94		771		245		1 151	
就业升学人数和占比小计	178 293	100.0%	337 029	100.0%	2 457 373	100.0%	532 910	100.0%	3 505 605	100.0%
政府机构就业人数和占比	2 656	1.5%	9 647	2.9%	53 398	2.2%	6 920	1.3%	72 621	2.1%
事业单位就业人数和占比	6 778	3.8%	25 891	7.7%	220 616	9.0%	36 371	6.8%	289 656	8.3%
企业就业人数和占比	60 103	33.7%	148 924	44.2%	1 460 868	59.4%	365 496	68.6%	2 035 391	58.1%
部队就业人数和占比	2 105	1.2%	4 272	1.3%	7 601	0.3%	1 415	0.3%	15 393	0.4%
地方项目就业人数和占比	912	0.5%	2 658	0.8%	25 214	1.0%	3 593	0.7%	32 377	0.9%
升学人数和占比	88 551	49.7%	105 185	31.2%	312 166	12.7%	29 816	5.6%	535 718	15.3%
灵活就业人数和占比	6 023	3.4%	33 119	9.8%	292 276	11.9%	61 683	11.6%	393 101	11.2%
自主创业人数和占比	1 055	0.6%	1 676	0.5%	15 023	0.6%	2 401	0.5%	20 155	0.6%
其他人数和占比	10 110	5.7%	5 657	1.7%	70 211	2.9%	25 215	4.7%	111 193	3.2%

业 15 393 人，地方项目就业 32 377 人，升学 535 718 人，灵活就业 393 101 人，自主创业 20 155 人，其他 111 193 人。从比例上看，政府机构就业占 2.1%，事业单位就业占 8.3%，企业就业占 58.1%，部队就业占 0.4%，地方项目就业占 0.9%，升学占 15.3%，灵活就业占 11.2%，自主创业占 0.6%，其他占 3.2%（表 5-7）。

三、考研升学占比明显提升

全国 1 151 所高校教学状态数据显示，就业学生总数达 3 505 605 人，其中国内攻读研究生和出国留学的升学人数为 535 718 人，占就业升学学生总数的 15.3%（2016 年升学比例为 12.6%），升学的人数和比例均有明显提高。

从升学比例结构看，学生继续升学人数达到 597 208 人，其中免试推荐研究生 104 108 人（占 17.4%），出国留学 99 582 人（占 16.7%），考研录取人数 393 518 人（占 65.9%）。由此可见，在学生选择继续深造的过程中，出国留学已经近 17%，而 65.9% 的学生是通过考试获得升学深造机会。从学生考研录取情况看，考取本校学生数达到 120 485 人，占考研录取总数的 30.6%，考取外校人数达到 273 033 人，占考研录取总数的 69.4%（表 5-8）。

表 5-8　2017 年各类本科高校学生升学情况

项目	一流大学建设高校	一流学科建设高校	一般本科高校	独立学院	总计
升学总人数 / 人	104 208	124 624	339 095	29 281	597 208
免试推荐研究生 / 人	41 766	37 546	24 770	26	104 108
考研录取总数 / 人	36 162	62 535	271 178	23 643	393 518
考研录取考取本校 / 人	19 754	29 534	66 813	4 384	120 485

续表

项目	一流大学建设高校	一流学科建设高校	一般本科高校	独立学院	总计
考研录取考取外校 / 人	16 408	33 001	204 365	19 259	273 033
出国留学 / 人	26 280	24 543	43 147	5 612	99 582
免试推荐研究生占比 /%	40.1	30.1	7.3	0.1	17.4
考研录取总数占比 /%	34.7	50.2	80.0	80.7	65.9
考研录取考取本校占比 /%	54.6	47.2	24.6	18.5	30.6
考研录取考取外校占比 /%	45.4	52.8	75.4	81.5	69.4
出国留学占比 /%	25.2	19.7	12.7	19.2	16.7

四、体质合格率保持稳定

全国高校教学状态数据显示，各高校大学生体质合格率平均为88.61%（2016年体质合格率全国平均为89.6%）（表5-9）。

表5-9　2017年各类本科高校学生体质合格率

项目	一流大学建设高校	一流学科建设高校	一般本科高校	独立学院	总计
体质合格率 /%	89.11	88.83	89.1	86.85	88.61

五、外语学习与交流能力明显提高

全国高校教学状态数据显示，各高校学生英语四级通过率平均为53.37%（2016年四级通过率全国平均为52.3%）；英语六级通过率平均为23.07%（2016年英语六级通过率平均为19.3%），有明显提高（表5-10）。

表 5–10　2017 年各类本科高校学生英语四、六级通过率

项目	一流大学 建设高校	一流学科 建设高校	一般本科 高校	独立学院	总计
英语四级累计通过率 /%	90.65	81.94	52.73	38.75	53.37
英语六级累计通过率 /%	64.37	48.88	20.94	13.34	23.07

　　校际交流学习是拓宽学生视野、提高学生学术交流能力的重要渠道。根据 2017 年全国高校教学状态数据，各高校累计接收交流生 42 065 人（其中境内 11 469 人，境外 30 596 人），接收交流学生数占总交流生数平均为 26.04%。各高校累计派出交流生 119 487 人（其中境内 19 870 人，境外 99 617 人），派出交流学生数占总交流数的比例为 73.96%（表 5–11）。从各高校平均值看，2017 年，各高校平均接收交流生 42.53 人（其中境内 49.01 人，境外 71.99 人），各高校平均派出交流生 120.82 人（其中境内 51.61 人，境外 110.32 人）。从交流生占在校生比例看，派入学生数占本科在校生比例平均为 0.26%，派出学生数占本科在校生比例 0.75%，派入学生数占当年本科招生数比例 1.00%，派出学生数占当年本科招生数比例 2.84%（表 5–12）。

表 5–11　2017 年各类本科高校学生境内外交流学习情况

项目	一流大学 建设高校	一流学科 建设高校	一般本科 高校	独立学院	总计
交流学生总数 / 人	40 065	29 368	81 852	10 267	161 552
境内到本校 / 人	3 992	4 210	2 910	357	11 469
境外到本校 / 人	12 822	4 117	13 224	433	30 596
本校到境内 / 人	2 005	3 598	12 432	1 835	19 870
本校到境外 / 人	21 246	17 443	53 286	7 642	99 617
派入小计 / 人	16 814	8 327	16 134	790	42 065

续表

项目	一流大学建设高校	一流学科建设高校	一般本科高校	独立学院	总计
派出小计 / 人	23 251	21 041	65 718	9 477	119 487
派入学生数占比 /%	41.97	28.35	19.71	7.69	26.04
派出学生数占比 /%	58.03	71.65	80.29	92.31	73.96

表 5-12　2017 年各类本科高校校均学生境内外交流学习情况

项目	一流大学建设高校	一流学科建设高校	一般本科高校	独立学院	总计
交流学生总数 / 人	977.2	312.43	118.28	63.38	163.35
境内到本校 / 人	105.05	71.36	23.28	29.75	49.01
境外到本校 / 人	320.55	57.99	44.98	21.65	71.99
本校到境内 / 人	62.66	69.19	48	43.69	51.61
本校到境外 / 人	518.2	193.81	84.85	53.07	110.32
派入小计 / 人	410.10	88.59	23.32	4.88	42.53
派出小计 / 人	567.10	223.84	94.97	58.50	120.82
派入学生数占本科在校生比例 /%	1.94	0.53	0.14	0.03	0.26
派出学生数占本科在校生比例 /%	2.69	1.33	0.58	0.41	0.75
派入学生数占当年本科招生数比例 /%	7.97	2.07	0.54	0.13	1.00
派出学生数占当年本科招生数比例 /%	11.02	5.24	2.20	1.57	2.84

六、学科竞赛参与人数和国际奖项获奖人数明显增加

全国高校教学状态数据显示，各高校的各类学科竞赛累计获奖数达283 197 项，校均获得 242.67 项，生均竞赛获奖总数达 0.018 项。从竞赛级别看，各高校累计国际级竞赛获奖 11 406 项（校均 30.02 项），累计国

家级竞赛获奖 90 347 项（校均 85.39 项），累计省部级竞赛获奖 181 444 项（校均 158.19 项）。从占比情况看，国际级竞赛占 4.03%，国家级竞赛占 31.90%，省部级竞赛占 64.07%（表 5-13，表 5-14）。

表 5-13　各类本科高校竞赛获奖总体情况

项目	一流大学建设高校	一流学科建设高校	一般本科高校	独立学院	总计
学科竞赛获奖总数 / 项	30 716	45 267	185 223	21 991	283 197
校均学科竞赛获奖总数 / 项	749.17	476.49	232.69	93.58	242.67
生均学科竞赛获奖总数 / 项	0.036	0.029	0.016	0.01	0.018

表 5-14　2017 年各类本科高校学科竞赛获奖分级别情况

项目	一流大学建设高校	一流学科建设高校	一般本科高校	独立学院	总计
学科竞赛获奖国际级总数 / 项	4 730	2 614	3 774	288	11 406
学科竞赛获奖国家级总数 / 项	11 043	13 605	59 219	6 480	90 347
学科竞赛获奖省部级总数 / 项	14 943	29 048	122 230	15 223	181 444
校均学科竞赛获奖国际级 / 项	124.47	39.01	15.53	9	30.02
校均学科竞赛获奖国家级 / 项	269.34	147.88	81.34	32.89	85.39
校均学科竞赛获奖省部级 / 项	364.46	312.34	155.71	66.77	158.19
学科竞赛获奖国际级占比 /%	15.40	5.77	2.04	1.31	4.03
学科竞赛获奖国家级占比 /%	35.95	30.06	31.97	29.47	31.90
学科竞赛获奖省部级占比 /%	48.65	64.17	65.99	69.22	64.07

从各类竞赛奖获奖看，全国高校教学状态数据显示，各高校累计获得学科竞赛奖 283 197 项，校均 242.67 项（2016 年校均 166.6 项），本科生创新活动技能竞赛获奖数 125 126 项（校均 111.82 项），文艺体育竞赛获奖总数 87 672 项（校均 78 项）。从各类竞赛获奖比例看，学科竞赛获奖占比

57.10%，本科生创新活动技能竞赛获奖占比 25.23%，文艺体育竞赛获奖占比 30.96%（表 5-15）。

表 5-15　2017 年各类本科高校学科竞赛情况

项目	一流大学建设高校	一流学科建设高校	一般本科高校	独立学院	总计
学科竞赛获奖总数 / 项	30 716	45 267	185 223	21 991	283 197
本科生创新活动技能竞赛获奖总数 / 项	8 864	11 923	95 847	8 492	125 126
文艺体育竞赛获奖总数 / 项	5 831	11 932	63 996	5 913	87 672
校均学科竞赛获奖总数 / 项	749.17	476.49	232.69	93.58	242.67
校均本科生创新活动技能竞赛获奖总数 / 项	227.28	137.05	121.79	41.22	111.82
校均文艺体育竞赛获奖总数 / 项	142.22	125.6	81.94	28.57	78
学科竞赛获奖总数占比 /%	67.64	65.49	53.68	60.42	57.10
本科生创新活动技能竞赛获奖总数占比 /%	19.52	17.25	27.78	23.33	25.23
文艺体育竞赛获奖总数占比 /%	18.98	26.36	34.55	26.89	30.96

七、生均发表学术论文、作品和获专利授权有所提高

从学生发表学术论文、发表作品及获得专利授权数看，全国高校教学状态数据显示，各高校学生累计发表学术论文 55 542 篇，校均学生发表学术论文 56.85 篇（2016 年校均 56.4 篇），生均发表学术论文 0.004 篇（表 5-16）。全国 648 所高校教学状态数据显示，各高校学生累计发表学术作品数 40 640 件，校均学生发表学术作品 62.72 件（2016 年校均 75.9 件），生均发表学术作品 0.004 件（表 5-17）。各高校学生累计获得专利授权数 20 726 项，校均学生获得专利授权数 27.06 项（2016 年校均 21.7 项），生

均专利授权数 0.002 项（表 5-18）。

表 5-16　2017 年各类本科高校学生发表论文（单位：篇）

项目	一流大学建设高校	一流学科建设高校	一般本科高校	独立学院	总计
学生发表学术论文数	5 392	9 949	37 418	2 783	55 542
校均学生发表学术论文数	131.51	109.33	53	20.02	56.85
生均发表学术论文数	0.006	0.006	0.004	0.002	0.004

表 5-17　2017 年各类本科高校学生发表作品数（单位：件）

项目	一流大学建设高校	一流学科建设高校	一般本科高校	独立学院	总计
学生发表学术作品数	2 624	10 182	26 891	943	40 640
校均学生发表学术作品数	74.97	149.74	55.67	15.21	62.72
生均发表学术作品数	0.004	0.008	0.004	0.001	0.004

表 5-18　2017 年各类本科高校学生获专利数（单位：项）

项目	一流大学建设高校	一流学科建设高校	一般本科高校	独立学院	总计
学生获得专利授权数	2 346	4 372	12 997	1 011	20 726
校均学生获得专利授权数	58.65	54.65	23.72	10.32	27.06
校生均获得专利授权数	0.003	0.003	0.001	0.001	0.002

八、学生生均电子资源访问量明显提高

从当年图书流通量看，各类高校当年图书流通量累计 176 092 235 册，校均当年图书流通量为 144 219.68 册，生均当年图书流通量 8.74 册（表 5-19）。

表 5-19　2017 年各类本科高校当年图书流通量（单位：册）

项目	一流大学建设高校	一流学科建设高校	一般本科高校	独立学院	总计
当年图书流通量	20 725 491	22 076 882	114 566 889	18 722 973	176 092 235
校均当年图书流通量	505 499.78	232 388.23	137 041.73	75 192.66	144 219.68
生均当年图书流通量	13.03	9.71	8.27	7.76	8.74

从当年电子资源访问量看，各类高校当年电子资源访问量累计 14 147 236 985 次，校均当年电子资源访问量 11 799 196.82 次，生均当年电子资源访问量 708.96 次（表 5-20）。相比 2016 年的校均当年电子资源访问量 549.7 万次，生均当年电子资源访问量 409.9 次，分别增加了 114.7%、73.1%。可见，电子资源访问量激增。

表 5-20　2017 年各类本科高校当年电子资源访问量（单位：次）

项目	一流大学建设高校	一流学科建设高校	一般本科高校	独立学院	总计
当年电子资源访问量	2 854 838 093	2336 916 455	8 283 480 687	672 001 750	14 147 236 985
校均当年电子资源访问量	69 630 197.4	24 599 120.6	9 920 336.2	2 947 376.1	11 799 196.82
生均当年电子资源访问量	1 794.98	1 027.78	597.82	300.72	708.96

第六章 教学改革持续深化，助力人才培养质量提升

一、深化人才培养模式改革，加大拔尖创新人才培养力度

建设一流本科教育，人才培养模式改革是核心。从"教育规划纲要"颁布到统筹推进双一流大学总体方案实施，从"深化教育领域综合改革"到"深化教育体制机制改革的意见"，可以说，围绕着高校创新型人才培养，一系列的教育改革计划、政策举措、工程项目无不指向这一核心。围绕着这一核心，各地各高校出台了一系列政策措施，积极推进和支持学校深化人才培养模式改革，推进一流本科教学建设，提升不同类型人才培养质量。

（一）实施系列卓越教育计划，拔尖学生创新能力突显

《教育部 2017 年工作要点》强调要深入实施"基础学科拔尖学生培养试验计划""科教结合协同育人行动计划""产学合作协同育人项目""校企深度合作示范项目""卓越人才系列计划"等；分类推进中医学人才培养改革，加快"5+3"标准化、规范化医学人才培养体系建设等。在国家各类人才培养计划的引导下，各地方政府制定了一系列政策措施，积极推进和支持不同类型的高校在工、理、医等不同学科深入实施国家系列人才培养计划，深化

人才培养模式改革，形成了一系列拔尖人才培养的成功案例和经验。

例如，广东省在教育部"六卓越一拔尖"计划 2.0 版的基础上，出台了《广东省深化医教协同　进一步推进医学教育改革与发展实施方案的通知》等文件，升级卓越工程人才、卓越法治人才、卓越新闻传播人才、卓越医生、卓越农林人才和卓越教师培养，培养造就一批卓越领军人才，服务科学中国，促进学术领军人才持续成长，提高基础学科人才竞争力。

（二）启动实施"新工科"建设，产教融合得到深度推进

深化产教融合、产学研结合、校企合作，主动对接国家、产业和科技领域重大需求是中国工程教育的必然选择，也是新工科建设的重要改革目标。为主动服务"中国制造 2025"等国家战略，紧密对接经济带、城市群、产业链布局，促进人才培养供给侧和产业需求侧结构要素的全方位融合，2017年，教育部启动"新工科"建设，先后推出"复旦共识""天大行动""北京指南"三部曲，将我国工程教育改革创新推向新的高度。按照建设计划目标，新工科建设旨在通过前瞻性的方式开展新工科研究与实践，探索建设中国特色、世界一流的工程教育体系，培养造就具有交叉学科背景和复合性知识结构的创新型卓越工程技术人才，形成领跑全球工程教育的中国模式，真正建成工程教育强国。

作为"卓越计划"的升级版，新工科建设强调服务国家战略、满足产业发展需求、引领产业发展方向、主动培养未来技术和产业发展所需的各类紧缺人才。重点在打破学科界限，跨越行业边界，面向未来改革创新工程教育。根据计划工作安排，新工科建设是以研究与实践项目的形式开展，项目包括新理念、新结构、新模式、新质量和新体系 5 个方面选题和 24 个选题方向。

借助新工科建设的契机，各高校根据自身办学特色定位和优势特色专

业，以新工科人才特征为引领，以面向未来科技革命和产业革命需要为引导，培养造就一大批多样化、创新性卓越工程科技人才。例如，江苏省为促进高校紧密结合产业结构转型升级对人才的需求，积极探索"嵌入式"人才培养模式，即高校与企业深度融合，采用"3+1"或"2.5+1.5"等模式，培养产业发展所需人才。主要做法有：一是加大校企合作力度，将企业业务嵌入高校专业课程，打通高校、企业的人才通道，开展"订单式"培养，实现"毕业即就业"的无缝对接。二是创新服务外包人才培养机制。高校积极与服务外包企业合作，服务外包企业深度参与人才培养，深化服务外包人才培养机制改革与创新。又如，浙江省成立了新工科建设专家组与工作组，提出建设一批产教融合、科教融合、多学科交叉的行业特色学院等新工科建设八条行动举措。遴选推荐 12 个项目参加教育部新工科研究与实践项目的实施。组织相关企业、高校成立钱塘江金融港湾高等教育联盟，推动产教融合、校企合作培养新金融急需人才。加快培养人工智能、空天海洋、智能制造等新经济发展急需人才，主动布局面向未来技术和产业的新专业，进行工科教育新结构、新标准、新模式、新质量和新体系的改革与创新，为浙江省创新驱动发展提供坚实的人才支撑。

（三）推进学科交叉和个性化学习，复合型人才培养得到巩固

复合型人才是高校为适应现代科学技术和社会经济文化发展对于多样化人才需求而建立的一种新型人才培养模式，主要培养掌握跨学科综合知识，具有创新能力和实践能力的人才。为学生创造多样化学习空间是推动学生个性化学习、培养复合型人才的重要手段。近年来，各高校实施了包括大类招生、主辅修制、双学位、转专业等有利于学生个性发展的教学管理制度改革，形成了大类招生、分流培养、主辅修制等多样化的人才培养模式，学生学习自主选择权不断增大，个性化学习进一步拓展。

　　一是大类招生、分流培养。学生入学后前两年实行通识教育，两年后自主选择专业，实行专业教育。在低年级实施通识教育，在高年级实施宽口径专业教育。2017 年高校教学状态数据显示，1 226 所本科院校中，有 444 所高校实施了大类招生大类培养，累计涉及 7 419 个专业。根据大类招生、分流培养的指导思想，各高校全面修订人才培养方案。例如，西安交通大学为全面贯彻落实"品行养成、知识传授、能力培养、思维创新"四位一体人才培养理念，建立"通识教育＋宽口径专业教育"、本－硕－博贯通式人才培养体系。2017 年，学校成立本科生院，落实"校－院－系"三级教学责任，建立"横向协作、纵向贯通、教书和育人统筹协调"的本科生人才培养管理体系。北京大学实施的"元培计划"，清华大学实行的"通识教育基础上的宽口径专业教育"等。

　　二是开设综合性试验班，尝试跨学科人才培养。例如，复旦大学设立了理科与文科基地班，文科基地班融通文、史、哲，理科基地班横贯理、化、生，探索大文大理跨学科教育。武汉大学创办了人文科学试验班，打破文学、哲学、历史学三大学科专业壁垒，培养具有扎实基础、综合素养高、创新能力强的文科人才。

　　此外，越来越多的高校开设跨学科选修课，设置不同学科的选修课程模块供学生选择；在复合型人才培养方案中设置个性化选修课程模块，学生可以根据自己的兴趣和发展方向从其他学科类专业中选择课程修读。

　　三是实施主辅修、双学位、转专业等灵活的学习制度。针对学生多样化的学习需求，通过模块化的课程设置，压缩毕业要求学分（学时）数，提高专业选修课的学分比例，给予学生更多学习的自主权，已经成为高校复合型人才培养的一项重要制度安排。

　　从参加主辅修学生比例看，全国 397 所高校教学状态数据显示，2017 年各高校累计参加辅修人数 162 369 人，校均参加辅修人数 408.99 人，校均参加辅修人数占本科在校生平均比例为 2.43%，占当年本科招生人数的比例平均为 9.32%（表 6–1）。

表 6–1　2017 年各类本科高校学生参加辅修情况

项目	一流大学建设高校	一流学科建设高校	一般本科高校	独立学院	总计
学校数 / 所	30	60	270	37	397
辅修人数 / 人	29 724	36 566	90 674	5 405	162 369
校均辅修人数 / 人	990.8	609.43	335.83	146.08	408.99
辅修人数占本科在校生比例 /%	4.92	3.62	1.95	1.30	2.43
辅修人数占当年本科招生数比例 /%	20.13	14.19	7.47	4.42	9.32

从修读双学位的学生人数及比例看，全国 297 所高校教学状态数据显示，2017 年各高校累计修读双学位人数 168 147 人，校均修读双学位人数 566.15 人，修读双学位人数占本科在校生平均比例为 3.12%，占当年本科招生人数的比例平均为 11.87%（表 6–2）。

表 6–2　2017 年各类本科高校学生修读双学位情况

项目	一流大学建设高校	一流学科建设高校	一般本科高校	独立学院	总计
学校数 / 所	30	40	211	16	297
修读双学位人数 / 人	25 290	33 871	104 492	4 494	168 147
校均修读双学位人数 / 人	843	846.77	495.22	280.88	566.15
修读双学位人数占本科在校生比例 /%	4.00	4.89	2.72	1.91	3.12
修读双学位人数占当年本科招生数比例 /%	16.31	18.98	10.28	6.67	11.87

从转专业的学生人数及比例看，全国高校教学状态数据显示，2017 年各高校累计有 181 220 人转专业，校均转专业人数 159.1 人，转专业人数占本科在校生平均比例为 1.17%，占当年本科招生人数的比例平均为 4.28%（表 6-3）。

表 6-3　2017 年各类本科高校学生转专业情况

项目	一流大学建设高校	一流学科建设高校	一般本科高校	独立学院	总计
转专业人数 / 人	16 446	20 308	118 726	25 740	181 220
校均转专业人数 / 人	401.12	225.64	155.4	105.49	159.1
转专业人数占本科在校生比例 /%	1.90%	1.29%	1.09%	1.14%	1.17%
转专业人数占当年本科招生数比例 /%	7.72%	4.99%	3.99%	4.04%	4.28%

二、深化课程体系改革，课程教材建设展现新形态

课程是提升人才培养质量的基本单元，课程教学对于提高人才培养质量具有全面性、基础性的作用。教育教学质量的提升最终必须落实到课程教学环节，回归到课堂。近年来，各高校以新的教育理念为指导，通过一系列举措和手段深入细致地推行教学内容和课程体系改革。

（一）深化课程体系改革，高校课程结构更加优化

任何一种新的教育理念或人才培养模式要转化为教学实践活动，都需要一定的内容体系和课程体系作为支撑。为适应学校的培养目标定位、办学类型以及经济社会发展的需求，近年来，各地各高校依据学校定位、人才培养目标、教学理念，不断优化课程体系和课程结构，构成了适应新时期多样化人才培养需求的课程新结构。

例如，北京大学通过制订《北京大学本科教育综合改革指导意见》，探索推进学分制改革，启动主修、辅修/双学位教学计划修订工作。主修专业教学计划包括公共与基础课程、核心课程、限选课程、通识与自主选修课程四个部分，分别占毕业总学分的 30%、20%、30% 和 20%。辅修专业课程是相应主修专业的核心课程，双学位课程包括主修专业的核心课程、先修课程或限选课程。

又如，三亚学院依据办学定位，构建了支撑应用型人才培养的新课程体系。新课程体系包括通识课程体系、专业课程体系和创新创业课程体系三大类。通识课程体系培养人才的基本素养，由共同基础课、通识核心课和第二课堂构成；专业课程体系培养人才的核心能力，在专业基础课程、专业核心课程、专业方向课和综合实践的基础上，加强理论和实践的结合，促进多方向、多渠道的就业模式；创新创业课程体系作为培养人才创新创业能力的重要载体，通过职业生涯规划、创业理论课和创业实践课的教育课程，提升学生创新创业能力。

（二）加大课程建设投入，推进优质资源共建共享

优质教学资源建设和共享对于深化高等教育教学改革发挥着重要作用，是破解我国高等教育资源发展不平衡不充分问题的有效途径与方法。为了推动优质资源共享，教育部印发了《教育部关于加强高等学校在线开放课程建设应用与管理的意见》，全面推进在线开放课程建设与应用，不断深化信息技术与教育教学深度融合，深入推进以学生为中心的课程改革、教学方式与学习方式变革，努力实现我国高等教育的"变轨超车"。

根据全国 566 所高校的不完全统计，2017 年各高校已建成各类在线课程 42 845 门，其中国家级精品资源共享课 2 040 门，省部级精品资源共享课 5 639 门，国家级精品视频公开课 877 门，省部级精品视频公开课 1 367 门，

MOOC 课程 14 680 门,SPOC 课程 18 242 门。平均每所高校拥有在线课程 289.69 门。这些课程对于推进高校优质课程资源共享,解决不同地区、不同高校课程资源不平衡起到了积极的作用(表 6-4)。

表 6-4　2017 年各类本科高校在线课程建设情况

项目	一流大学建设高校	一流学科建设高校	一般本科高校	独立学院	总计
学校数 / 所	40	68	386	72	566
国家级精品资源共享课 / 门	867	560	602	11	2 040
省部级精品资源共享课 / 门	385	640	4 420	194	5 639
国家级精品视频公开课 / 门	332	259	285	1	877
省部级精品视频公开课 / 门	63	189	1 045	70	1 367
MOOC 课程 / 门	1 094	790	11 201	1 595	14 680
SPOC 课程 / 门	1 569	1 737	14 017	919	18 242
在线课程合计 / 门	4 310	4 175	31 570	2 790	42 845
校均在线课程合计 / 门	107.75	61.40	81.79	38.75	289.69

　　例如,陕西省教育厅为贯彻落实《中共陕西省委　陕西省人民政府关于贯彻〈国家中长期教育改革和发展规划纲要(2010—2020 年)〉的实施意见》,构建陕西高校教学资源共享平台,扩大学分制试点范围,推行跨校、跨区域、跨类型的学分互认等措施,全面提高高校人才培养质量,加快教育信息化进程,完善教育资源研究、规划、开发、应用体系,探索形成数字化资源共建共享的体制和机制,委托西安交通大学主持建设了陕西省高等教育 MOOC 中心。该中心运用现代信息技术,建设开放、交互的动态教研与素质教育慕课平台,既为广大教育工作者构建了理想的在线授课和课程资源共享环境,又为全省提供最优质的慕课课程资源,有效促进了优质教育资源的普

及和素质教育水平的提升。江西省各本科高校为实现优质教学资源共享，进一步丰富课程教学资源，积极与国际教育前沿接轨，大力开展网络课程建设，遴选了 108 门课程作为 2016 年度江西省高等学校（本科）省级精品资源共享课，积极组织各本科高校申报国家级和省级精品在线开放课程。

三、深化产教融合，推进创新创业教育上新台阶

习近平总书记指出，"创新是引领发展的第一动力，抓创新就是抓发展，谋创新就是谋未来"。为了推进高校"双创"教育开展，2017 年，围绕《国务院办公厅关于深化高等学校创新创业教育改革的实施意见》，教育部和各省级教育管理部门通过设立深化创新创业教育改革示范高校、评选年度创新创业典型经验高校、举办全国创新创业大赛等多种方式积极推进双创教育，高校创新创业教育呈现出了"多点突破、纵深发展"的良好态势，大学生创新创业的热情和活力空前高涨，成为中国创新发展的重要有生力量。

（一）强化创新创业教育理念引领，创新创业融入人才培养全过程

创新创业教育的目的在于帮助学生夯实创新创业知识基础，培养学生创新创业精神和能力。各地各高校在开展创新创业教育时，坚持创新创业教育与专业教育相融合，积极探索中国特色多样化创新创业教育模式，将创新创业教育贯穿于人才培养工作的全过程。

北京市积极推动高校更新创新创业教育理念、加强院校间交流合作，将创新创业教育融入人才培养全过程，营造有利于创新创业人才成长的文化生态。一是依托创新创业教育企业，引导各高校将体现时代发展特征、反映人才成长规律、具有院校专业特色的创新创业人才培养理念融入到人才培养方

案修订过程中。二是建设了 3 个创新创业人才培养指导中心，在课程建设、师资培养、教学改革等方面提供支持服务，促进创新创业教育与专业教育的融合。三是举办创新创业教育成果展及经验交流会，通过实物展示、学术论坛、校企交流等形式总结创新创业教育经验、宣传创新创业教育成果。2017年举办的第三届北京市大学生创新创业教育成果展，共严格遴选出实物作品 322 件、创新项目成果 237 项、举办论坛 4 个，数千名大中小学生参观展会，取得了良好的社会反响。

陕西省紧紧围绕"陕西国家创新型省份""陕西自贸试验区""西安市国家全面创新改革试验区"建设，全面部署和推进高校创新创业教育改革，着力培养立足陕西、面向全国的"大众创业、万众创新"的生力军。省委、省政府先后出台"关于全面深化高等教育综合改革的意见""关于建设'一流大学、一流学科，一流学院、一流专业'的实施意见""关于大力推进大众创业万众创新工作的实施意见"等文件，明确把深化创新创业教育改革作为"十三五"高等教育综合改革的突破口。2017 年指导 93 所普通高校制订了创新创业教育改革实施方案；启动创新创业教育改革试点学院（系）建设，首批遴选 56 个试点学院，努力打造教育教学综合改革的创新区、产教融合协同育人的深耕区、创新创业人才培养的示范区；建成陕西众创空间孵化基地 56 个，实现高校众创空间建设全覆盖；坚持以赛促创，把"互联网+"大学生创新创业大赛作为深化高校创新创业教育改革的重要抓手；指导高校设立创新创业专项资金，建立经费增长长效机制。

根据 2017 年全国各高校质量报告看，创新创业教育已经从过去的项目拉动转向为融入人才培养全过程。从开设课程看，根据 2017 年高校教学状态数据显示，各高校累计开设创新创业教育课程 34 898 门（均校开设课程29.88 门），累计开设职业生涯规划及创业指导课程 8 527 门（校均开设课程7.19 门）（表 6-5，表 6-6）。

表 6-5　2017 年各类本科高校创新创业教育课程开设情况（单位：门）

项目	一流大学建设高校	一流学科建设高校	一般本科高校	独立学院	总计
创新创业教育课程数	11 171	5 072	16 543	2 112	34 898
校均创新创业教育课程数	272.46	55.13	20.45	9.35	29.88

表 6-6　2017 年各类本科高校开设职业生涯规划及创业指导课程情况（单位：门）

项目	一流大学建设高校	一流学科建设高校	一般本科高校	独立学院	总计
职业生涯规划及创业指导课程数	597	798	6 162	970	8 527
校均职业生涯规划及创业指导课程数	14.56	8.77	7.54	4.09	7.19

　　从学生开展课外课技文化活动看，根据 2017 年高校教学状态数据显示，各高校本科生开展课外科技文化活动项目总数达到 358 073 项，校均开展课外科技文化活动 294.23 项。各高校累计立项各类创新创业训练项目 46 113 项（校均立项 59.58 项），参与学生数达到 218 889 人次（校均达到 224.27 人次）（表 6-7，表 6-8 和表 6-9）。

表 6-7　2017 年各类本科高校本科生课外科技文化活动情况（单位：项）

项目	一流大学建设高校	一流学科建设高校	一般本科高校	独立学院	总计
本科生课外科技文化活动项目数	41 580	62 635	226 271	27 587	358 073
校均本科生课外科技文化活动项目数	1 014.15	659.32	271.63	111.24	294.23
生均本科生课外科技文化活动项目数	0.049	0.04	0.02	0.012	0.022

表 6-8 2017 年各类本科高校创新创业训练计划情况（1）

项目	一流大学建设高校	一流学科建设高校	一般本科高校	独立学院	总计
学校数 / 所	32	76	549	117	774
创新创业训练项目数 / 项	2 980	4 650	32 144	6 339	46 113
校均创新创业训练项目数 / 项	93.13	61.18	58.55	54.18	59.58

表 6-9 2017 年各类本科高校创新创业训练计划情况（2）

项目	一流大学建设高校	一流学科建设高校	一般本科高校	独立学院	总计
学校数 / 所	41	88	683	164	976
创新训练计划参与学生数 / 人次	30 340	46 532	133 957	8 060	218 889
校均创新训练计划参与学生数 / 人次	740.00	528.77	196.13	49.15	224.27

（二）加强创新创业教育平台建设，产教融合的育人机制不断创新

实践出真知，实践长才干。教育部部长陈宝生 2016 年 10 月在第二届中国"互联网+"大学生创新创业大赛上强调：要抓实践环节，为大学生实验实习实训特别是参加创新创业实践拓展渠道、搭建平台，加大投入、优化服务，让他们在实践中受教育长才干。为进一步响应国家创新创业教育改革，各地各高校积极整合资源，通过校企合作、产教融合、产学研结合，搭建创新创业平台，改革创新创业教育管理机制，激发大学生创新创业活力，助力大学生创新创业。2017 年高校教学状态数据显示，截至 2017 年底，各高校累计建设创新创业教育机构达 2 080 个（校均 1.86 个），创业实习基地 33 050 个（校均 32.28 个），创新创业教育实践平台数 8 788 个（校均 8.03 个），创业示范基地数 1 816 个（校均 2.76 个）（表 6-10 至表 6-13）。

表 6-10 至 2017 年底各类本科高校创新创业教育机构情况（单位：个）

项目	一流大学建设高校	一流学科建设高校	一般本科高校	独立学院	总计
创新创业教育机构数	114	318	1 317	331	2 080
校均创新创业教育机构数	2.85	3.57	1.69	1.58	1.86

表 6-11 至 2017 年底各类本科高校创业实习基地情况（单位：个）

项目	一流大学建设高校	一流学科建设高校	一般本科高校	独立学院	总计
创业实习基地数	3 750	5 379	20 815	3 106	33 050
校均创业实习基地数	98.68	64.81	28.71	17.45	32.28

　　在强化创新创业教育平台建设的同时，各地各高校积极引进校外优质资源，推进校企深度合作。例如，浙江大学基于多学科综合交叉优势和创新创业资源优势，探索出了"大学校区－科技园区－工业产区"三区联动的体制机制和模式创新，形成了 4 个课堂深度融合的创业教育体系，发挥"第一课堂"教学主渠道作用，丰富"二课堂"校内实践活动，拓展"三课堂"校外社会实践，推进"四课堂"境外交流合作。同时推出"创业基础""商业模式"等视频公开课程，逐步实现对低年级学生的全覆盖。

表 6-12 至 2017 年底各类本科高校创新创业教育实践平台情况（单位：个）

项目	一流大学建设高校	一流学科建设高校	一般本科高校	独立学院	总计
创新创业教育实践平台数	708	1 467	5 700	913	8 788
校均创新创业教育实践平台数	17.7	16.86	7.37	4.71	8.03

表 6-13　至 2017 年底各类本科高校创业示范基地情况

项目	一流大学建设高校	一流学科建设高校	一般本科高校	独立学院	总计
学校数 / 所	37	75	472	75	659
创业示范基地数 / 个	166	227	1 251	172	1 816
校均创业示范基地数 / 个	4.49	3.03	2.65	2.29	2.76

昆明理工大学依托国家大学科技园、国家技术转移示范中心、国家高校学生科技创业实习基地等平台，整合学校优质资源，成立"昆明理工大学创业学院"，为学生提供集创业教育、创业指导、创业训练、创业实践于一体的全方位、开放式、一站式创业指导服务。为了促进创新创业成果转化，昆理工大学科技园以新材料技术、光机电技术、信息技术、生物技术为重点，广泛整合技术、人才、资本、信息、市场等社会资源，建立了符合自身特点的管理体制和运行机制，形成了良好的硬件设施和完善的孵化服务体系，为大学生创新创业提供一系列综合服务。现入孵企业 222 家，其中新三板上市企业 3 家，高新技术企业 14 家，在校大学生创办企业 8 家，提供就业岗位3 052 人。

宁夏大学整合校内资源，2016 年 3 月，在西部地区高校率先成立具有全新职能的创新创业学院，并确保机构、人员、场地和经费"四到位"，使创新创业学院集大学生创新创业教育与训练项目、国家大学科技园、服务地方等功能为一体，全面统筹实施学校大学生创新创业教育与训练项目、运营创客空间与国家大学科技园、促进校地校企合作与成果转化、推进新农村发展研究院等创新平台与基地建设，以创新的运行模式，实现全校创新创业教育资源的优化组合与协同运转，提升创新创业人才的培养质量。

辽宁省在全省本科高校建立了 60 个创新创业孵化基地，支持建设了 50

个创新创业教育改革试点专业、200 个校内外实践教育基地，多角度推进创新创业教育实践。同时通过实施大学生创新创业训练计划，支持 58 所高校开展大学生创新创业训练计划项目 1 万余项，其中省级项目 3 610 项、国家级项目 988 项。组织开展了辽宁省第四届"大创年会"、第三届"互联网 +"大学生创新创业大赛等创新创业竞赛 24 项，参加学生 10 万余人次。先后有 8 所本科高校被教育部评为双创示范高校，辽宁省教育厅被教育部高等教育司评为国创计划最佳组织奖。

2017 年 6 月，厦门大学联合国内一批高校，共同发起成立全国大学生创新创业实践联盟。联盟成立以来，坚持致力于深入探索高校创新创业教育实践教学体系，促进"大学生创新创业训练计划"高校的交流合作，推动信息技术与创新创业实践教育深度融合，加强社会合作，组织开展创新创业实践理论研究、资源共享、经验交流等活动，以大学生创新创业实践为抓手，推动联盟成员与社会各界合作，建立产教融合的协同育人新机制。

（三）注重创新创业师资队伍建设，创新创业的培训能力不断增强

建设一支既有创新创业理论知识又有实践经验、结构合理、专兼结合的创新创业教育师资队伍，是推进高校创新创业教育的关键要素。近年来，围绕着专职创新创业教师队伍建设，各高校积极聘请社会和产业界人士担任兼职教师等措施，加强创新创业师资队伍建设，提高教师创新创业教育能力。以浙江省例，2017 年，为培养创新创业教育师资，全省一方面通过邀请创业者、实业家和企业高级管理人才加入到高校创新创业教育队伍中，积极开展实务精英进课堂活动；另一方面通过建设省、校两级平台，开展创业导师培训，培育一支数量充足、质量较高的创业导师队伍，并通过多渠道整合科研训练、学科竞赛、校外实践等资源，探索建立了"创新项目 + 创新团队 + 创新基地"的创新创业教育模式。

据全国高校本科教学状态数据库统计，截至 2017 年底，全国创新创业专职教师达到 22 787 人，创新创业教育导师达 105 985 人（表 6-14，表 6-15）。

表 6-14 至 2017 年底各类本科高校创新创业教育专职教师情况（单位：人）

项目	一流大学 建设高校	一流学科 建设高校	一般本科 高校	独立 学院	总计
创新创业教育专职教师数	1 874	3 324	15 297	2 292	22 787
校均创新创业教育专职教师数	49.32	39.57	20.48	11.18	21.22

表 6-15 至 2017 年底各类本科高校创新创业教育导师情况（单位：人）

项目	一流大学 建设高校	一流学科 建设高校	一般本科 高校	独立 学院	总计
创新创业教育导师数	13 906	13 772	71 322	6 985	105 985
校均创新创业教育导师数	339.17	148.09	87.73	31.61	90.74

随着创新创业队伍建设不断提升，高校创业创业教育培训机制更加完善，培训能力不断提升，为学生开展创新创业提供了专业化的咨询服务。根据全国上千所高校教学状态数据统计显示，2017 年各高校学生累计参加创新创业教育机构培训达 2 835 545 人次，校均达到 2 491.69 人次。累计开设创新创业讲座 33 994 场，校均达到 28.99 场（表 6-16，表 6-17）。

表 6-16 2017 年各类本科高校创新创业教育教师培训情况（单位：人）

项目	一流大学 建设高校	一流学科 建设高校	一般本科 高校	独立 学院	总计
创新创业教育机构培训人次总数	232 971	216 281	1 999 757	386 536	2 835 545
校均创新创业教育机构培训人次数	5 682.22	2 403.12	2 544.22	1 749.03	2 491.69

表 6-17 2017 年各类本科高校创新创业讲座情况（单位：人）

项目	一流大学建设高校	一流学科建设高校	一般本科高校	独立学院	总计
创新创业讲座总数	3 765	4 367	22 982	2 880	33 994
校均创新创业讲座数	91.83	46.96	28.34	12.63	28.98

四、强化实践教学，实践育人贯穿人才培养全过程

实践实训育人是高校人才培养的重要环节。习近平总书记指出，要重视和加强第二课堂建设，重视实践育人，坚持教育同生产劳动和社会实践相结合，广泛开展各类社会实践，让学生在亲身参与中认识国情、了解社会，受教育、长才干。2017 年颁布的《统筹推进世界一流大学和一流学科建设实施办法（暂行）》强调，要注重培养学生实践能力。《国务院办公厅关于深化产教融合的若干意见》（2017〔95〕号）强调"鼓励企业依托或联合职业学校、高等学校设立产业学院和企业工作室、实验室、创新基地、实践基地。""大力支持应用型本科和行业特色类高校建设，紧密围绕产业需求，强化实践教学。""支持中西部普通本科高校面向产业需求，重点强化实践教学环节建设。"这一系列政策出台，推动各高校把实践从一个单纯的教学环节上升为育人的重要手段，并把实践育人贯通于人才培养全过程，实效不断凸显。

（一）优化实践教学体系，把实践育人贯穿于人才培养全过程

实践教学是学生获取、掌握知识的重要途径，在全面提高学生综合素质，培养学生创新意识和实践能力等方面具有十分重要的作用。各高校根据本校的学科专业特点，紧扣人才培养目标，强化基础实践、专业实践、社会

实践、综合实践等实践教学环节，构建了较为完善的实践教学体系，把实践教学融入本科教育的全过程。

安徽工程大学高度重视理论与实践教学的相互融合，不断完善包括基础教育实践、专业教育实践、综合教育实践等环节组成的实践教学体系，为各学科、各专业方向的学生提供实践平台，强化训练，使学生实践创新能力不断提高。在基础教育实践方面，该校设置了包括两课实践、军训、社会实践、市场调查、写生、工程训练、课内实验或独立设置的实验课等环节，不断增强学生对社会的认知和适应能力，培养扎实的基础知识和基本能力。在专业教育实践方面，该校设置了专业课程实验、课程设计、认识实习、毕业实习、毕业设计（论文）等环节，为学生构建专业能力平台，依照专业特点所应具备的能力结构要求进行的专业综合能力训练，目的是培养学生求真务实的科学态度，锻炼分析问题和解决问题的能力，加深对专业理论知识的认识和理解。在综合教育实践方面，该校设置了科技创新实践等课程，通过开放实验、学科竞赛、专利发明、科技学术报告等实践环节发挥学生的创新思维，使学生的理论知识在实践中得到巩固和升华，突出学生的个性发展，提高创新能力。

江西师范大学构建了"两条主线并行，三大平台齐用，四大模块展开，四个阶段递进"的"二三四四"实践教学体系："两条主线并行"是指实践教学组织安排按师范类专业和非师范类专业分类进行；"三大平台齐用"是指实验实训室平台、校内第二课堂平台、社会实践平台都要充分利用；"四大模块展开"是指实践教学内容安排按实验（实训）模块，实习（见习）模块，论文（设计）模块，科技创新、素质拓展、社会实践等活动模块展开；"四个阶段递进"是指在实践教学进程安排上，按以下 4 个阶段推进：专业认知（如大学一年级的见习等）、基础训练（如大学二、三年级的课程实验实训等）、专业操练（如大学三、四年级的专业实训、毕业论文设计等）、综合实践（如，大四社会实践、科研创新等）。

湖南工业大学将卓越的实践教学质量作为建设一流本科教育的重要抓手，通过不断探索、实践、优化，构建了政校企协同育人视域下的"三联五共"校外实践教学特色模式，以育人理念（concept）、合作机制（mechanism）、组织方式（mode）、实现路径（path）一体融合的"CMMP"创新架构为牵引，形成了"产学联合、基地联盟、培养联动"的实践教学组织体系和"培养平台共建、教学计划共商、指导队伍共组、实践过程共管、教学质量共推"的实践教学实施机制。

（二）改善实践实验条件，学生实践能力培养具有可靠保障

实践教学平台和实习实训基地是学生了解社会和接触生产实践的重要窗口，它不仅给学生提供实习场所和参加社会实践活动平台，而且使得学生能够融会贯通，激发创新意识，强化实践能力。为进一步推进各地各高校强化实践实验条件，2017年，教育部继续实施大学生校外实践基地建设、国家级实验教学示范中心、虚拟仿真实验教学中心等项目，推动了全国各高校强化教学与科研、生产紧密结合，整合学校和社会资源，搭建协同育人、多学科交叉融合实践育人共享平台，极大地提升了学生实践的保障能力。

例如，中国农业大学以实践育人为核心导向，围绕畜牧全产业链、价值链，强化岗位实习实践。会同全国42所涉农高校实施"牛精英计划"，搭建"校内外、业内外、国内外"协同育人大平台，打破区域之间、学校之间、学科专业之间的壁垒，建立157个企业实习基地、11个海外实习基地，促进教育资源共享，形成畜牧教育资源区块链。

又如，天津市积极推进实验教学示范中心、虚拟仿真实验教学中心建设工作，引导各高校科学规划、配置、建设实践教学资源，提升大学生实践能力。截至2017年9月，天津市普通高校共有国家级实验教学示范中心

33 个，国家级虚拟仿真实验教学中心 10 个，天津市级实验教学示范中心 66 个，天津市级虚拟仿真实验教学中心 21 个，有力促进了学生实习实践实训教学活动的开展。

江苏省近 5 年来每年投入 1 亿元用于本科实验教学示范中心建设，已建成"国家级－省级－校级"三级实验教学体系。2016—2017 学年，江苏已建成国家级虚拟仿真实验教学中心 20 个、国家级实验教学示范中心 44 个，省级实验教学示范中心 603 个。

浙江省遴选推荐了 15 个项目参加国家虚拟仿真实验教学项目认定。鼓励高校与行业企业、用人单位合作建设实训基地、实习基地、创业基地，共同开发教学资源。支持学校与行业企业建设多形式的技术合作中心和各类人才培养培训平台。2017 年，本科高校已建成大学生校外实习基地近 8 000 个，比上一年增长近 1 000 个。与此同时，部分高校与企业合作，引进"校友邦"线上实习管理平台，对实习环节实现全面的线上管理，掌握实习的动态过程，实现了实践环节的线上线下质量监控。

2017 年全国 401 所高校教学状态数据显示，各高校累计建有国家级实验教学示范中心 1 199 个（校均拥有 2.99 个）。916 所高校教学状态数据显示，各高校累计建有省部级实验教学示范中心 5 627 个，校均拥有省部级实验教学示范中心 6.14 个（表 6–18）。

表 6–18　至 2017 年各类本科高校实验教学中心累计建设情况

项目	一流大学建设高校	一流学科建设高校	一般本科高校	独立学院	总计
学校数 / 所	41	91	263	6	401
国家级实验教学示范中心 / 个	345	335	510	9	1 199
校均国家级实验教学示范中心 / 个	8.41	3.68	1.94	1.5	2.99
学校数 / 所	40	90	697	89	916

项目	一流大学 建设高校	一流学科 建设高校	一般本科 高校	独立 学院	总计
省部级实验教学示范中心 / 个	453	825	4 120	229	5 627
校均省部级实验教学示范中心 / 个	11.32	9.17	5.91	2.57	6.14

在实验教学示范中心带动下，各高校实验室条件得到了根本改善。2017 年全国高校教学状态数据显示，各高校专业实验室面积累计达到 21 884 045.14 m^2（校均达到 18 374.51 m^2，生均达到 1.1 m^2）。根据 1 175 所高校教学状态数据显示，各高校基础实验室面积累计达到 11 993 101.14 m^2（校均达到 10 206.89 m^2，生均达到 0.61 m^2）（表 6-19）。

表 6-19 至 2017 年各类本科高校实验室面积累计建设情况（单位：m^2）

项目	一流大学 建设高校	一流学科 建设高校	一般本科 高校	独立学院	总计
专业实验室面积	1 834 710.99	2 550 678.4	14 849 513.35	2 649 142.4	21 884 045.14
校均专业实验室面积	45 867.77	27 724.77	18 087.11	11 130.85	18 374.51
生均专业实验室面积	1.19	1.14	1.08	1.13	1.1
基础实验室面积	1 378 787.9	1 540 561.09	7 829 746.14	1 244 006.01	11 993 101.14
校均基础实验室面积	33 628.97	17 309.68	9 690.28	5 248.97	10 206.89
生均基础实验室面积	0.87	0.7	0.57	0.54	0.61

再从实习实训条件看，2017 年全国高校教学状态数据显示，各高校累计拥有校外实习实训基地 199 079 个（校均达到 163.72 个）。1 204 所高校教学状态数据显示，各高校各类实践基地接纳学生数累计达到 9 695 480 人次（校均接纳 8 052.72 人次），单个实践基地当年平均接纳学生 48.70 人次（表 6-20）。

表 6-20　至 2017 年各类本科高校校外实习实训基地累计建设情况

项目	一流大学建设高校	一流学科建设高校	一般本科高校	独立学院	总计
校外实习实训基地数 / 个	11 787	20 174	143 189	23 929	199 079
校均校外实习实训基地数 / 个	287.49	212.36	171.9	96.88	163.72
当年接纳学生总数 / 人次	526 847	1 176 082	6 899 205	1 093 346	9 695 480
校均当年接纳学生总数 / 人次	12 849.93	12 379.81	8 383	4 462.64	8 052.72
单个实践基地接纳学生总数 / 人次	44.70	58.30	48.18	45.69	48.70

（三）强化实践队伍建设，教师的实践实验教学水平得到提升

提升实践育人质量，关键是"人"。师资作为实践育人方案的设计者、组织者和实施者，是提高实践育人质量的关键。教育部会同中央宣传部、文化部等七部门联合下发的《关于进一步加强高校实践育人工作的若干意见》强调："着力加强实践育人队伍建设。所有高校教师都负有实践育人的重要责任。"《国务院办公厅关于加快中西部教育发展的指导意见》（国办发〔2016〕37 号）要求："强化实践教学环节，配齐配强实验室人员，加强实验教学团队建设，强化教师和实验室人员培训，大力提高教师教学水平。"

在中央各项政策的推动下，各地各高校十分重视实践教学团队建设，通过制订完善教师实践育人的规定和政策，加大教师培训力度，鼓励教师增加实践经历，将教师承担实践育人工作量纳入年度考核内容，配齐配强实验室人员等措施，不断提高教师实践育人水平。根据 2017 年全国 1 224 所高校教学基本状态数据监测显示，各高校实验技术人员总数 77 375 人，校均 63.21 人。具有博士学位的实验技术人员总数 6 633 人，校均 5.42 人，具有硕士学位的实验技术人员总数 34 001 人，校均 27.78 人。具有教授职称的实

验技术人员总数 722 人，校均 0.59 人，具有副教授职称的实验技术人员总数 2 123 人，校均 1.73 人；具有其他正高级职称的实验技术人员总数 1 126 人，校均 0.92 人；具有其他副高级职称的实验技术人员总数 16 754 人，校均 13.69 人。

在高校实践教学队伍得到不断强化的同时，高校的实践实验教学能力得到不断提升。从实验课开课情况看，全高校教学状态数据显示，各高校累计开设独立设置实验课达到 130 233 门（校均开设独立设置实验课达到 118.83 门）。全国 1 202 所高校教学状态数据显示，各高校累计开设专业实验课达到 1 384 669 门（校均开设专业实验课达到 1 151.97 门）。独立设置实验课占专业实验课的比例平均达到了 10.3%（表 6-21）。

表 6-21　2017 年各类本科高校实验课开设情况

项目	一流大学建设高校	一流学科建设高校	一般本科高校	独立学院	总计
独立设置实验课 / 门	8 523	16 033	87 258	18 419	130 233
校均独立设置实验课 / 门	207.88	180.15	115.88	86.47	118.83
学校数 / 所	41	93	827	241	1 202
专业实验课 / 门	96 961	148 976	977 727	161 005	1 384 669
校均专业实验课 / 门	2 364.9	1 601.89	1 182.26	668.07	1 151.97
独立设置实验课占专业实验课的比例 /%	8.8%	11.2%	9.8%	12.9%	10.3%

再从学生毕业综合训练看，全国高校教学状态数据显示，各高校累计指导的毕业综合训练课题达到 3 865 083 项（校均达到 3 360.94 项）。1 141 所高校教学状态数据显示，各高校学生在实验、实习、工程实践和社会调查等社会实践中完成的毕业综合训练课题 2 807 467 项（校均达到了 2 460.53

项），如果以各高校的平均值计算，则学生在实验、实习、工程实践和社会调查等社会实践中完成的毕业综合训练课题，已经占到总课题数的73.2%（表6-22）。这些数据充分证明了随着实践队伍建设的加强，高校在学生实践能力培养方面有了整体性全面提高。

表 6-22　各类本科高校毕业综合训练情况

项目	一流大学 建设高校	一流学科 建设高校	一般本科 高校	独立 学院	总计
毕业综合训练课题数 / 项	216 094	381 196	2 693 274	574 519	3 865 083
校均毕业综合训练课题数 / 项	5 270.59	4 098.88	3 488.7	2 354.59	3 360.94
在实验、实习、工程实践和社会调查等社会实践中完成的毕业综合训练课题数 / 项	158 206	268 464	1 993 197	387 600	2 807 467
校均在实验、实习、工程实践和社会调查等社会实践中完成的毕业综合训练课题数 / 项	3 858.68	2 950.15	2 591.93	1 615	2 460.53
在实验、实习、工程实践和社会调查等社会实践中完成的毕业综合训练课题数占比 /%	73.2%	72.0%	74.3%	68.6%	73.2%

五、扩大对外交流与合作，加快国际化人才培养步伐

高等教育对外开放是提高高等教育质量和建设高等教育强国的重要条件。十九大报告指出："中国坚持对外开放的基本国策，坚持打开国门搞建设""推动形成全面开放新格局。开放带来进步，封闭必然落后。中国开放的大门不会关闭，只会越开越大。"围绕着服务国家对外开放这一战略大局，各地方政府和高校不断扩大中外合作办学范围，以"一带一路"倡议为契

机，以培养知华、友华、亲华的高层次国际人才为目标，不断加强国际化校园文化环境建设，营造国际化教育氛围，提升国际化办学能力，推动我国高等教育的国际影响力不断提升。

（一）加大教育对外开放力度，中外合作办学水平不断提升

中外合作办学是我国教育对外开放、提升我国高等教育国际影响力的重要途径之一。《统筹推进世界一流大学和一流学科建设实施办法》强调：在"国际交流合作方面，吸引海外优质师资、科研团队和学生能力强，与世界高水平大学学生交换、学分互认、联合培养成效显著，与世界高水平大学和学术机构有深度的学术交流与科研合作，深度参与国际或区域性重大科学计划、科学工程，参加国际标准和规则的制定，国际影响力较强。"各地政府在积极支持高校开展中外合作办学，扩大教育开放的同时，鼓励高校主动参与全球教育服务，提升高校在全球的竞争力和服务能力，中外合作办学呈现快速发展。

以浙江大学为例，2016年10月教育部正式批准建设浙江大学海宁国际校区。2016年2月，教育部正式批复同意设立浙江大学爱丁堡大学联合学院和浙江大学伊利诺伊大学厄巴纳香槟校区联合学院。2016年9月，浙江大学国际联合学院（海宁国际校区）电子与计算机工程、生物医学2个专业52名首批学生正式开学。国际校区校园位于浙江海宁市，占地1 200亩，总建筑面积约40万 m^2。国际校区内的各个联合学院均由浙江大学与国际知名大学合作，全程引入合作伙伴的师资队伍、培养方案、课程体系、教学资源、质量标准和保障体系。

再以河南大学为例，自2002年起，河南大学先后与澳大利亚、德国、俄罗斯等多个国家开展了17个本科层次合作办学项目，并与美国阿克伦大学联合创办孔子学院。2015年教育部批准设立河南大学迈阿密学院，成为

河南省首所与世界名校合作的本科层次、非独立法人的中外合作办学机构，2017 年迈阿密学院首次招生。2012 年学校首次设立专项资金 1 200 万元开展"师生国际化交流提高项目"，在教师国际化队伍建设、学生国际化培养、高端专家引进、国际科研合作平台建设和品牌国际会议培育等多个方面取得重大突破。

随着中外合作办学范围扩大和水平提升，高等教育中外合作办学已呈现出办学模式和合作对象多元化、人才培养规模化、学科专业设置覆盖面较广等特点。截至 2017 年 10 月，全国经行政审批机关批准设立或举办的各类中外合作办学机构、项目共计 2 572 个，涉及 34 个国家、1 746 所高校（其中中方高校 785 所，外方高校 961 所），遍布全国 28 个省（自治区、直辖市），覆盖了各个教学层次和类型，涉及 12 个学科门类 200 多个专业。尤其在《关于做好新时期教育对外开放工作的若干意见》发布后，全国新增本科及以上中外合作办学项目 76 个，占全国本科及以上中外合作办学项目总数的 6%；新增具有法人资格的高等教育中外合作办学机构 3 个（不含更名的苏州百年职业学院），占全国具有法人资格的高等教育中外合作办学机构总数的 25%；新增不具有法人资格的中外合作办学机构 23 个，占全国不具有法人资格的中外合作办学机构总数的 25%。中外合作办学已经成为引进国外优质资源，提升我国高等教育水平的重要战略举措。

（二）实施"一带一路"教育行动，来华留学生的规模不断扩大

服务"一带一路"倡议，培养知华、友华、亲华的国际学生，是新时代高校扩大对外开放的重要职能之一。自我国实施"一带一路"倡议以来，世界各国来华留学生数量增幅明显。我国对来华留学工作围绕着教育对外开放，坚持"扩大规模，优化结构，规范管理，保证质量"方针，培养了一大批知华友华的国际人才。特别是十八大以来，我国建立了较为完善的来华留

学招生、教学、管理、服务和就业的法规政策体系，形成了较为完善的政策链条，提升了来华留学的吸引力。来华留学生规模迅速扩大，来源地也逐步多元化，国别和地域日益增多。

根据 2017 年全国 1 224 所高校教学基本状态数据监测显示，各个高校来华留学生总数 196 917 人。按校均数排名前十的省（自治区、直辖市）依次是：上海市、北京市、天津市、辽宁省、浙江省、江苏省、湖北省、云南省、海南省、重庆市。2017 年全国 529 所高校教学状态数据显示，本科生在国外招收学历生数达到了 36 271 人，每所高校平均达到了 68.57 人，国际留学生占实际录取普通本科生数的比例已近 1%。其中一流大学建设高校招收国际留学生的比例已经近 4%（表 6-23）。

表 6-23　2017 年各类本科高校招收国际留学生情况

项目	一流大学建设高校	一流学科建设高校	一般本科高校	独立学院	总计
学校数 / 所	41	86	397	5	529
国外招生数 / 人	7 746	6 860	21 575	90	36 271
校均国外招生数 / 人	188.93	79.77	54.35	18	68.57
国外招生数占实际录取比例 /%	3.64%	1.68%	0.70%	0.01%	0.83%

（三）加大课程教学建设投入，国际化的教学能力不断提升

课程建设是提升国际化办学能力的核心和基础，努力打造一批品牌专业和课程是提升国际办学竞争力的基础性工作。各地各高校在积极加强国际合作交流的基础上，通过加大全英文课程与双语课程建设力度、聘请国外著名学者来校开设"原味课程"或为学生提供各种专题的系列讲座等形式推进课程与教学国际化，在提升自身办学能力国际化的同时，也构建了来

华留学专业教学体系，打造了一批"留学中国"品牌专业。2017 年全国 906 所高校教学状态数据显示，各高校累计开设双语课程或全英文课程 111 166 门，平均每所学校达到了 122.7 门。随着教育国际化加快步伐，全国各高校国际化培养能力不断提升，学生的国际学术交流能力明显增强。2017 年全国 467 所高校教学状态数据显示，各高校与国外大学联合培养的学生数达到 160 333 人，平均每所学校达到 343.33 人（表 6–24，表 6–25）。

表 6–24 2017 年各类本科高校开设双语课程或全英文课程情况（单位：门）

项目	一流大学建设高校	一流学科建设高校	独立学院	合作办学院校	一般本科高校	新建本科高校	总计
课程数	11 395	8 823	18 133	355	44 506	27 954	111 166
校均课程数	316.5	133.7	118.5	88.8	112.4	111.4	122.7

表 6–25 2017 年各类本科高校与国外大学联合培养学生情况

项目	一流大学建设高校	一流学科建设高校	一般本科高校	独立学院	总计
学校数 / 所	33	70	314	50	467
与国外大学联合培养的学生数 / 人	8 095	31 479	112 441	8 318	160 333
校均与国外大学联合培养的学生数 / 人	245.3	449.7	358.09	166.36	343.33
与国外大学联合培养的学生数占普通本科生比例 /%	0.95	1.99	0.98	0.36	0.99

六、本科招生计划完成率几近 100%，学生实际报到率超过 96%

全国教学状态数据显示，2017 年各高校招生计划录取数为 4 378 415

人，实际录取人数为 4 376 977 人，录取率为 99.97%，当年实际报到学生数为 4 204 659 人，报到率为 96.06%（表 6-26）。

表 6-26 2017 年各类本科高校招生情况

项目	一流大学建设高校	一流学科建设高校	一般本科高校	独立学院	总计
招生计划数 / 人	214 445	408 276	3 104 060	651 634	4 378 415
实际录取数 / 人	212 994	409 130	3 103 436	651 417	4 376 977
实际报到数 / 人	210 968	401 850	2 986 958	604 883	4 204 659
招生计划完成率 /%	99.32	100.21	99.98	99.97	99.97
学生实际报到率 /%	99.05	98.22	96.25	92.86	96.06

从招生计划结构看，其中自主招生数占计划数平均为 0.70%，招收特长生数占计划数平均为 0.30%，招生本省学生数占计划数的比例平均为 64.77%。但在不同类型高校，情况有所不同。一流大学建设高校自主招生数的比例达到 3.43%，一流学科建设高校自主招生比例达到 2.63%，其余各类高校自主招生比例不到 1%。从招生生源地情况看，一流大学建设高校招收本省学生数占计划数比例仅为 28.73%，一流学科建设高校招收本省的比例达到 40.07%，其余各类院校招收本省学生的比例达到 70% 或接近 70%（表 6-27）。由此可见，招生结构总体比较均衡，能够兼顾到区域布局和学校自主招生自主需求。

从各高校校均招生规模看，全国高校教学状态数据显示，各高校招生计划录取数平均为 3 580.06 人，实际录取人数平均为 3 581.81 人，当年实际报到学生数平均为 3 443.62 人，其中自主招生数平均为 195.42 人，招收特长生数平均为 66.91 人，招收本省学生数平均为 2 367.03 人（表 6-28）。

表 6-27　2017 年各类本科高校招生情况

项目	一流大学建设高校	一流学科建设高校	一般本科高校	独立学院	总计
招生计划数 / 人	214 445	408 276	3 104 060	651 634	4 378 415
自主招生数 / 人	7 352	10 753	12 576	0	30 681
招收特长生数 / 人	1 621	2 755	7 273	1 331	12 980
招收本省学生数 / 人	61 615	163 576	2 154 110	456 403	2 835 704
自主招生数占计划数比例 /%	3.43	2.63	0.41	0.00	0.70
招收特长生数占计划数比例 /%	0.76	0.67	0.23	0.20	0.30
招收本省学生数占计划数比例 /%	28.73	40.07	69.40	70.04	64.77

表 6-28　2017 年各类本科高校校均招生情况（单位：人）

项目	一流大学建设高校	一流学科建设高校	一般本科高校	独立学院	总计
招生计划数	5 230.37	4 297.64	3 708.55	2 606.54	3 580.06
实际录取数	5 194.98	4 306.63	3 712.24	2 605.67	3 581.81
实际报到数	5 145.56	4 230	3 577.2	2 419.53	3 443.62
自主招生数	193.47	195.51	196.50	0	195.42
招收特长生数	43.81	54.02	70.61	443.67	66.91
招收本省学生数	1 502.8	1 721.85	2 620.57	1 901.68	2 367.03

第七章 建设质量文化，教学评价保障体系日趋健全

提高人才培养质量是高校永恒的主题，也是一流本科教育努力的方向。过去一年，全国各高校以立德树人为根本，大大强化了对本科教学工作的领导，高校质量保障建设取得明显成效。质量保障体系更加健全，主体责任意识更加明确，质量保障手段更加丰富多元，质量监控方式更加扎实有效，质量保障理念更加先进，质量文化生态建设取得明显进步，为推动本科教育从外延发展走向内涵发展，提高本科教育质量积累了丰富的经验和做法。但同时也应看到时，由于不同高校本科教育办学历史不一，各高校在质量保障建设过程中存在着不平衡，高校内部质量建设还存在着薄弱环节，与一流的教学管理制度相比，我国高校教学质量保障还普遍存在管理队伍薄弱、体系监控不健全、反馈改进不成熟、管理理念滞后等不足，中国高校教学质量建设仍然任重而道远。

一、强化本科教学工作领导，人才培养中心地位更加巩固

人才培养是学校的中心工作，本科教育是学校的基础。基础不牢，地动山摇。2016 年 10 月，教育部党组书记、部长陈宝生在华中师范大学召开武汉高等学校工作座谈会指出，在"双一流"建设进程中，高校要进一步转

变理念，做到"四个回归"：一是回归常识，二是回归本分，三是回归初心，四是回归梦想。围绕着"四个回归"，2017 年全国各高校以立德树人为根本任务，进一步统一思想认识，突出人才培养的中心地位，形成了领导重视教学、领导负责教学、领导深入教学的工作机制以及制度保障教学、科研促进教学、经费优先教学、全员服务教学的良好局面。

（一）强化党政一把手的责任，突出人才培养的中心地位

本科教学工作搞得好不好，关键在领导。2017 年质量报告显示，各高校党政一把手"第一责任人"意识明显增强，并在实践中形成了教学工作例会制度、领导干部听课制度、校领导联系二级学院制度等长效机制，保证了人才培养的中心地位。

根据对 998 所高校质量报告进行的统计分析，21.34% 的高校在质量报告中提及领导重视教学的重要性（图 7-1）。突出体现在高校党委会、校长办公会定期召开专题会议研究教学工作，研讨教育教学改革举措，及时解决教学中存在的问题，对涉及的人才培养、教育教学工作中的重大事项、重要

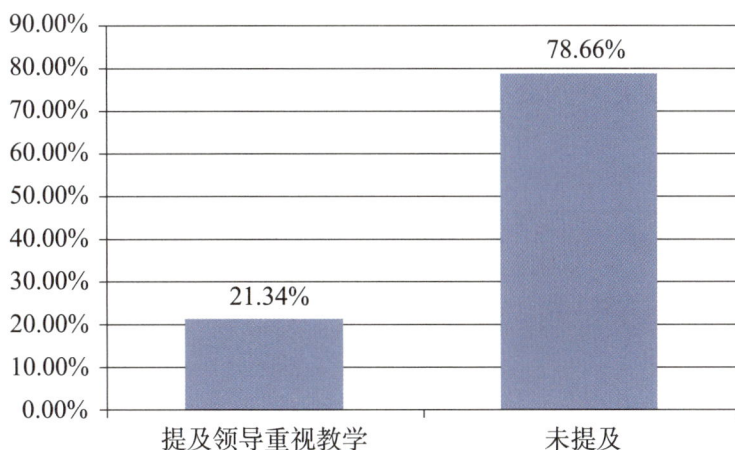

图 7-1　2016—2017 学年高校质量报告中提及领导重视教学情况

问题进行政策咨询、指导、审议、决策；定期召开教学委员会会议，在顶层设计、政策导向、队伍建设、教学建设、教学改革、质量监控等各方面，突出、强化、落实人才培养工作的中心地位。通过听课、走访、访谈等方法，深入基层教学第一线，及时解决教学工作存在的突出问题。

再根据对高校质量报告的分析，4.71% 的高校校领导将教学工作列入了党政工作的例会，12.62% 的高校实施教学工作例会制度，126 所提及教学工作例会的高校中年均教学工作例会次数为 8.08 次。15.62% 的高校在质量报告提出了实施全校性教学工作会议制度，每两年召开一次全校范围内的教学工作会议。25.45% 的高校实施了领导干部听课制度，并对各级党政领导每学期的听课次数做出了明确规定。5.61% 的高校提出实施校领导分工联系二级学院（系、部）制度和工作机制，明确了联系院部、内容、办法、要求及分工（表 7-1）。校领导深入二级学院（系、部）一线了解教学情况，通过座谈会、研讨会、教学检查、随机走访等方式指导、督促日常教学工作，及时协调教学中的实际问题和困难。据对 89 所高校校领导听课情况进行的统计，高校校领导 2016—2017 学年年均深入课堂听课 50.86 人次。这些说明，重视本科教学、深入本科教学、强化本科教学工作已经成为高校领导的必修课。

安徽建筑大学党委常委会、校长办公会专题研究与部署 2016 年度教学

表 7-1　2016—2017 学年高校领导重视教学情况

项目	高校数量	百分比
校领导专题会议研究教学工作	47	4.71%
教学工作例会制度	126	12.62%
领导干部听课制度	254	25.45%
校领导联系二级学院（系、部）制度	56	5.61%

工作安排、专业认证（评估）、人才引进、教学设备采购等方面的本科教学工作 30 余次；分管教学副校长主持召开期初、期中、期末等专题教学工作会议，及时解决教学过程中存在的问题。坚持校领导联系学院制度，校领导深入教学一线调研教学工作 53 人次。坚持学校领导听课和巡考制度，校领导深入课堂听课 76 人次、巡考 72 人次。

山西工程技术学院 2016 年院长办公会讨论教学议题有 17 个。主管教学副院长参加每学期召开的至少 3 次本科教学例会，参与本科人才培养重大事项的决策和政策制定工作。学院党政领导经常深入教学第一线进行调查研究，通过干部听课、院领导接待日、座谈会等形式了解情况。2016—2017 学年，校领导听课 20 人次，干部听课 278 人次，教学督导听课 125 人次；开展"人才培养方案修订""向应用型转变实施方案""教学运行状态""就业形势"等座谈会 10 余次。

（二）推动教学管理制度建设，巩固本科教学的基础地位

抓好制度建设，把规矩挺在前面，这是巩固本科教学基础地位的重要保障。从各高校发布的质量报告看，2017 年各高等学校结合实际，积极开展制度建设"废改立"活动，制定、修订、完善涵盖了大学章程、人才培养方案、学生学习发展、深化教育教学改革方法、考核激励办法等在内的一系列的相关教学文件，形成了系统规范、运行有效、服务教学的教学管理制度体系，把提高人才培养和本科教学质量落实到具体制度环节。

例如，安徽建筑大学根据《大学章程》和《教育综合改革方案》要求，把立德树人、提高人才培养质量要求贯穿于各项管理规章制度。学校在《关于落实教学中心地位的若干规定》中强调，学校要牢固确立教学工作中心地位，全面提高人才培养质量。学校还专门制订了《校长办公会议事规则》，将教学、科研、学科专业建设及招生就业等工作中的重大问题列入校长办公

会的重要议事内容。又如，四川工商学院紧密对接高教发展态势和学校教学工作实际，开展教学管理类文件"废改立"共计40项。其中"废"1项；"改"《四川工商学院监考工作条例（试行）》等32项，已发文10项，形成初稿7项；"立"《四川工商学院公共选修课管理办法》等7项，已发文5项。完成了《四川工商学院教学管理制度汇编》的印制。

据对2016—2017学年高校质量报告中出台制度和政策文件情况的统计，65所高校共出台制度和政策文件918条，平均每所高校出台制度和政策14.12条。大部分的制度和政策集中在教育教学管理、教学质量监测以及人才培养改革方面，占全部制度和政策文件的66.10%（图7-2）。强化政策引领和制度规范，保障了人才培养的中心地位。

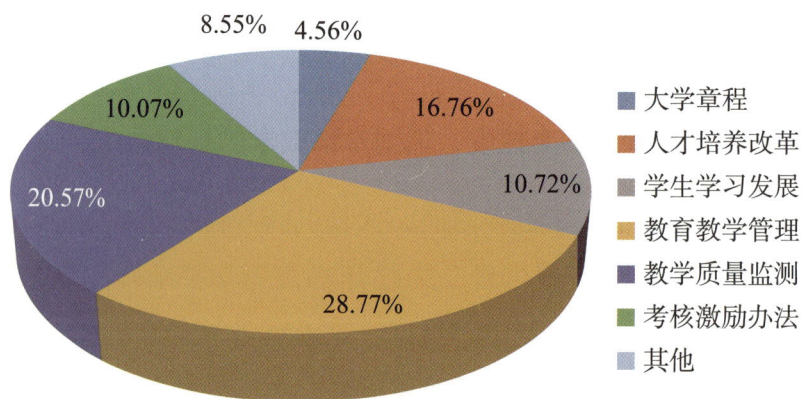

- 8.55%
- 4.56%
- 16.76%
- 10.72%
- 10.07%
- 20.57%
- 28.77%

- 大学章程
- 人才培养改革
- 学生学习发展
- 教育教学管理
- 教学质量监测
- 考核激励办法
- 其他

图7-2　2016—2017学年高校出台制度和政策文件情况

（三）加大教学经费投入力度，确保教学投入的优先地位

教学经费是保障教学质量的基础，围绕着突出人才培养中心地位，各高校坚持办学经费优先保障教学需要，在人、财、物投入上优先保证教学工作。不断加大教学经费投入总量，确保教学经费总额和生均本科教学日常运行支出逐年增长。

一是稳步增加教学经费投入。2017年教学状态基本数据库显示，各高校教学日常运行、教学改革、专业建设和实践教学方面的平均支出占教育经费支出的百分比分别为53.56%、5.31%、10.45%和11.40%，资源配置优先向学科与专业建设、实践教学、教学改革以及教学专项等教育教学活动倾斜。其中一流大学建设高校教学日常运行支出、教学改革、专业建设和实践教学这4项支出占总的教育经费支出的比例为90.29%，而一流学科建设高校这一指标为81.22%，一般本科高校与独立学院分别是79.16%和79.23%，就这个指标来看，"双一流"建设大学在经费投入教学方面要优于一般本科高校和独立学院（表7–2）。

表7–2 2017年高校教育经费各项支出平均值占比情况

项目	一流大学建设高校	一流学科建设高校	一般本科高校	独立学院	总计
教学日常运行经费占比	54.87%	50.58%	52.80%	61.79%	53.56%
教学改革经费占比	10.24%	7.15%	4.31%	3.44%	5.31%
专业建设经费占比	10.86%	11.30%	11.03%	4.69%	10.45%
实践教学经费占比	14.32%	12.19%	11.02%	9.31%	11.40%
其他教学专项经费占比	4.19%	11.62%	14.72%	15.96%	13.20%
学生活动经费占比	3.62%	4.43%	3.31%	3.51%	3.53%
教师培训进修专项经费占比	1.90%	2.73%	2.82%	1.29%	2.56%

二是形成经费支持教学机制。通过专项经费支持和资助教科研立项及大学生创新实践活动，坚持教学科研成果奖励制度、教学督导与评价制度、学年度教学质量考核、职称晋升教学考核等一系列激励和约束制度，不断强化教学管理激励机制，引导教师加大教学精力投入，促进教学质量和人才培养质量提升。例如，河南大学连续8年开展"河南大学教学质量奖"评选活

动，该活动目前已成为河南大学品牌活动，在广大师生中反响良好。通过榜样示范效应，激发了广大教师投身本科教学的积极性和主动性。该活动经费进入学校每年预算，2017年，学校投入教学质量奖经费400万元，共评选"教学质量奖先进集体"8个，每个奖励50 000元，评选出"教学质量奖先进个人"特等奖48名、一等奖172名、二等奖457名，分别给予10 000元、4 000元、2 000元的奖励，其中特等奖和一等奖分别再给予20元/课时、10元/课时的课时奖励，广大教师投身本科教学工作的积极性显著提高。又如，陕西师范大学重奖在本科教育教学方面取得突出成就的教师。开展了"校级教学名师"和"教学终身成就奖""优秀教学团队奖"评选活动。"校级教学名师"评选活动已连续开展三届，每次评选不超过10名，一次性奖励获奖者1万元。"教学终身成就奖""优秀教学团队奖"评选活动为2016年首次开展，每两年评选一次，其中"教学终身成就奖"每次评选不超过2人，一次性奖励获奖者30万元，"优秀教学团队奖"评选不超过5个，一次性奖励获奖团队10万元。

（四）倡导科研支撑反哺教学，夯实人才培养的中心地位

高校重视科学研究对教学的促进作用。据对2016—2017学年高校质量报告中185所提及科研促进教学的高校的分析，114所高校制定了科研奖励政策，激发教师从事科研工作的热情，占998所统计高校的11.42%；163所高校鼓励教师开展科学和教学研究，把握学术动态和学科前沿，推进教学内容、教学方法、教学手段的改革，促进科研成果进课堂、进教材、进实验室，将研究成果融入教学内容，增强教学效果，占统计高校的15.33%；27所高校（占统计高校的2.71%）鼓励教师结合研究课题指导学生科研、社团活动和科技竞赛，吸收本科生参与课题研究，培养学生的科研意识、创新精神和实践能力，营造科研促进教学、反哺教学的良好氛围（表7-3）。

表 7-3　2016—2017 学年高校质量报告中关于科学研究促进教学的统计

关键词	高校数量	百分比
科研促进教学	185	18.54%
制定科研奖励政策	114	11.42%
科研成果融入教学内容	163	15.33%
结合研究课题指导学生	27	2.71%

　　贵州师范大学求是学院强化科研促教学的意识，充分发挥学科综合优势，为本科教学提供强大支持。依托学校重点学科和重点实验室，促进本科专业、课程与教材建设，形成了一批品牌专业、特色专业和精品课程及特色教材。以科研促进师资队伍建设，推动高层次人才的快速成长。将最新科研成果及时融入教学，使学生了解学术前沿，培养学生的研究能力。通过大学生科研训练计划的实施、学生科研立项和创新实践活动的开展，培养学生的科研精神和创新能力。

　　凯里学院教师通过"教学带科研，科研促教学"的教学科研相长理念，在其科研项目实施的设计中，针对基础性的实验、调查、访谈等指导学生协助进行，在过程中培养学生的专业素养和科研精神。如，少数民族科技史创新团队为地方科技史的挖掘和人才培养提供理论依据；苗族侗族文化传承与发展协同创新中心，为黔东南的少数民族人才培养搭建人才培养平台。教师通过科研活动丰富了课堂教学内容、激发了学生对科学研究与科技开发的兴趣，拓展和创新了学生的实验、实习活动内容，提高了学生毕业设计（论文）的质量。

二、发挥教学评估引导作用，专业认证与评估成普遍趋势

　　开展本科教学工作审核评估、专业评估和认证工作是教育部对普通高

等学校本科教学工作的全面评价，也是我国五位一体质量保障体系的重要组成部分。从 2016—2017 学年质量报告看，全国 998 所高校中共有 460 所高校开展了审核评估工作，占统计高校的 46.09%；424 所高校开展了专业认证工作，占统计高校的 42.48%，519 所高校开展了专业评估，占统计高校的 52%；另外有 52 所高校还开展了国际评估工作，占统计高校的 5.2%（图 7-3）。

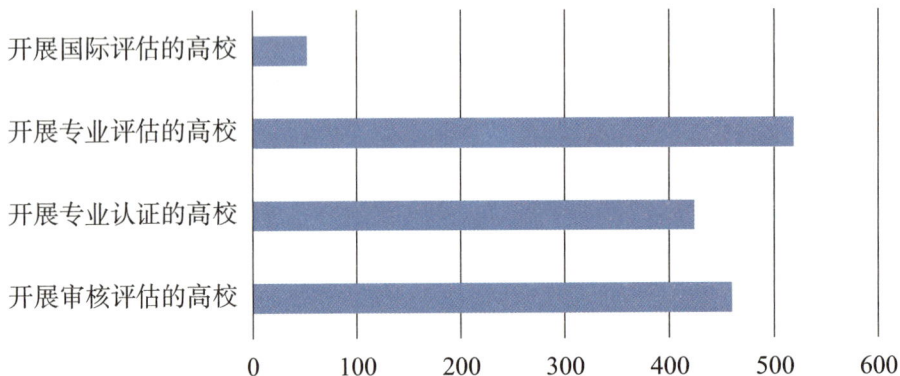

图 7-3　2016—2017 学年开展评估和认证的高校数量

（一）审核评估"以评促建"作用明显

本科审核评估是落实高等教育法和教育规划纲要，提高高等教育质量的一项重要举措。根据教育部统一部署，普通高等院校于 2014 年至 2018 年间全面开展本科教育工作的审核评估。为做好审核评估工作，各高校积极开展自查自建和本科教学工作自评，按照"以评促建，以评促改，以评促管，评建结合，重在建设"方针，认真开展迎评工作。参加审核评估的专家按照"五个度"，通过审阅自评报告、进校考察、开展"回头看"等，对学校本科教学工作各个方面展开全面检查，推动了本科高校全面开展自我整改。

以浙江省为例，根据"管办评分离"原则，浙江省教育评估院作为第三方于 2016 年正式启动浙江省省属普通高校本科教学工作审核评估。为了做好这一项工作，浙江省教育厅先后制定了《浙江省普通高等学校本科教学工作审核评估方案（试行）》《浙江省普通高等学校本科教学工作审核评估范围（试行）》等评估文件。2015 年 12 月省教育厅组织了对浙江工业大学、温州大学现场审核评估试点工作。2016 年开始，浙江省在全省全面铺开本科教学工作审核评估工作，2016 年已评 6 所，2017 年将继续评审 10 所，2018 年也将评审 8 所。到 2018 年底，26 所高校将全部接受审核评估，完成本轮审核评估工作。根据有关研究报告，从评估结果看，总体上各高校重视人才培养工作，重视师资队伍建设，不断丰富教学资源，加强学生培养过程管理，不断强化内部质量保障体系建设，人才培养质量不断提高。但也发现了一些普遍性、共同性的问题：①办学定位"高大上"，人才培养特色不够鲜明。②人才培养目标定位模糊，达成路径不够清晰。③教育教学改革力度偏弱，教师的教学投入明显不足。④专业结构不尽合理，动态调整机制尚未建立。

西北农林科技大学以迎接审核评估为契机，开展了一系列卓有成效的工作。一是系统梳理教学管理制度。完成了教学管理制度汇编，修订了部分制度文件，建立了完善的教学管理制度体系。二是加强硬件环境建设。完成所有教室净化、亮化、美化工作，新建 14 间智慧教室，完成植物生产园区、大学生工程训练中心等改造，教学设施、实验室环境条件明显改善。三是出台《关于进一步加强大学生学风建设的实施意见》《课堂教学质量提升实施方案》等文件，加强学生考风考纪教育，严抓试卷和毕业论文管理，强化了教学过程管理、严肃教学秩序，实现了教学质量监控的常态化、规范化、制度化，保障了教学工作平稳进行。四是突出问题导向。制定《西北农林科技大学本科教学工作改进方案》，针对自评中发现的六方面突出问题和 25 个主要问题，提出 40 项具体改进任务，逐项逐条进行整改，达到了"以评促改"

的目的。

　　总之，通过审核评估，不仅全面强化了本科教学工作的中心地位，推动了学校加大本科教学投入、加强教学建设与管理，引导学校把主要精力投入并聚焦到本科教学，而且在评估过程中，高校针对评估专家组的意见建议，全面审视影响学校改革发展的主要问题、关键问题和薄弱环节，认真研究制定整改方案，把评估整改提高与推进学校发展紧密结合起来，起到了非常积极的推动促进作用。

（二）专业认证成为质量保障新手段

　　工程教育专业认证是国际通行的工程教育质量保障制度，也是实现工程教育国际互认和工程师资格国际互认的重要基础。2016 年，我国正式加入国际工程教育"华盛顿协议"组织，标志着工程教育质量认证体系实现了国际实质等效，工程专业质量标准达到国际认可，成为我国高等教育的一项重大突破。作为"华盛顿协议"正式成员，中国工程教育认证的结果已得到其他 18 个成员认可。目前，我国工程教育专业认证已覆盖 21 个专业类，计划 2020 年实现所有专业大类全覆盖。中国加入华盛顿协议后，各高校重视工程教育专业认证工作，鼓励并调动广大师生员工积极参与到专业认证工作中，促进教师更新教育理念，深入开展教学改革，全面提升专业建设水平。根据对 966 所高校进行的统计，2016—2017 学年共有 395 个专业通过了专业认证工作，其中一流大学建设高校 26 个，占总通过数量的 6.58%；一流学科建设高校 56 个，占总通过数量的 14.18%；一般本科高校 293 个，占总通过数量的 74.18%；独立学院 20 个，占总通过数量的 5.06%（图 7-4）。截至 2017 年底，教育部高等教育教学评估中心和中国工程教育专业认证协会共认证了全国 198 所高校的 846 个工科专业。通过专业认证，标志着这些专业的质量实现了国际实质等效，进入全球工程教育的"第一方阵"。

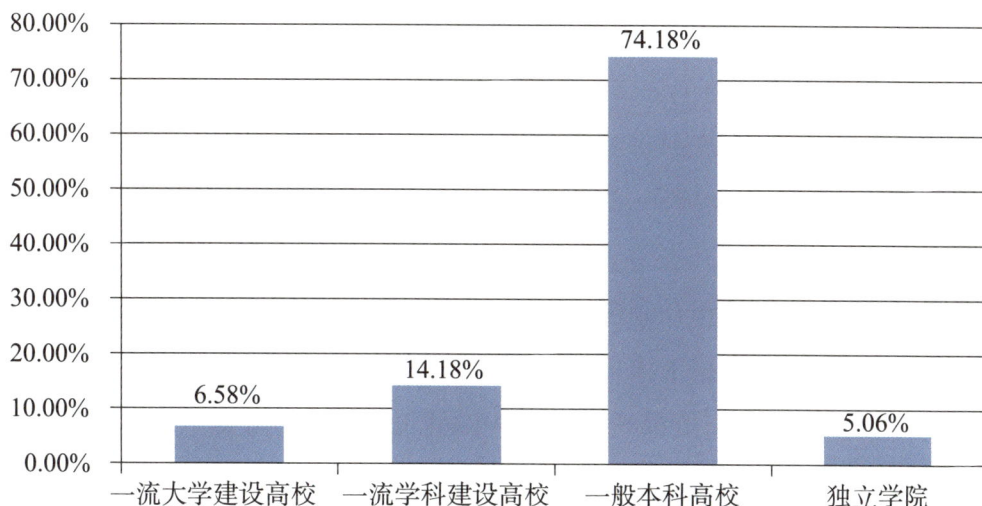

图 7-4　2016—2017 学年分类型高校通过专业认证数量比例

（三）专业评估成为提高质量新抓手

专业评估是高校开展质量保障的一个重要手段。特别是近年来，在教育部审核评估推动下，部分高校以专业评估工作为抓手，进一步凝练专业特色和优势，找准部分专业在特色建设、实验室建设、师资布局、课程设置等方面存在的问题和不足，优化人才培养方案，深化教育教学改革，提高办学水平和人才培养质量。

例如，河海大学近年来，以"专业建设年""课程建设年""实践教学建设年"等主题年为契机，对学校所有本科专业开展专业评估，促进专业可持续发展。已完成了对全校 202 门核心课程的评估，深化课程内涵建设；对全校 51 门核心实验课程开展评估，强化实验课程内涵建设；开展专业评估"回头看"，系统检验校内专业评估情况和整改成效。又如，沈阳农业大学以自主研发的"沈阳农业大学本科专业综合评价系统"为依托，开展学校专业综合评价工作。评估遵循导向性、科学性、客观性、简易性、分类指导等原则，对全校 57 个本科专业开展综合评价，用客观数据分析查找并说明各专业存在的问题。

据对 966 所高校进行的统计，2016—2017 学年共有 491 所高校开展了专业评估工作。其中 23 所一流大学建设高校开展了专业评估工作，占 34 所统计高校的 67.64%；49 所一流学科建设高校开展了专业评估工作，占 87 所统计高校的 56.32%；开展专业评估的一般本科高校有 379 所，占 705 所统计高校的 53.75%；开展专业评估的独立学院有 40 所，占统计独立学院数量的 28.57%。从统计数据上来看，一半以上的一流大学建设高校、一流学科建设高校和一般本科高校都开展了专业评估工作，独立学院在专业评估这一块的工作相对滞后，一流大学建设高校在专业评估工作方面领跑其他类型的高校（表 7-4）。

表 7-4　2016—2017 学年开展专业评估的高校数量（单位：所）

高校	开展专业评估高校数量	占统计高校百分比
一流大学建设高校（34 所统计）	23	67.64%
一流学科建设高校（87 所统计）	49	56.32%
一般本科高校（705 所统计）	379	53.75%
独立学院（140 所统计）	40	28.57%
合计	491	49.19%

（四）国际评估成为质量保障新趋势

高校参与国际评估与认证是提升教育质量、促进教育国际交流、提高教育竞争力的有力措施。特别是随着近年来教育对外开放不断扩大，积极参与国际认证与评估成为高校一个重要趋势。从已有国际认证与评估看，根据不完全统计，目前国内大学已引入的质量认证体系有 EPAS 认证、EQUIS 认证、AACSB 认证、AMBA 认证、ABET 认证、RIBA 认证、CTI 认证等，涉及财务、会计、国际商务、建筑、工程技术、医学、食品科学等多个专业领域。可以说，通过国际质量认证，不仅使高校学习与借鉴国际质量保障先进的评估（认证）的标准、办法和机制，而且接触到国际质量保障的先进理念，推动了认证院系定期开展自我评估和同行评估，有效建立教学质量持续改进机制。

例如，北京师范大学经济与工商管理学院通过欧洲质量改进体系（European Quality Improvement System，EQUIS）认证。EQUIS 是欧洲管理发展基金会为全球精英商学院建立的质量认证体系，该认证体系以评审的全面和严谨著称，是国际上最具权威性的认证体系之一。又如，河海大学商学院已陆续成为 AACSB（美国国际精英商学院协会）、EQUIS 会员。商学院顺利通过 AMBA 国际认证，成为江苏省第一所通过 AMBA 认证的高校；顺利通过 PMI-GAC 国际认证，成为中国大陆地区第八所获得 PMI-GAC 国际认证的高校；目前，学院正全力开展 AACSB 国际认证工作，以此为抓手，全力推动学院整体实力的提升。

据对 966 所高校进行的统计，2016—2017 学年共有 32 所高校开展了国际认证工作。其中一流大学建设高校 5 所，一流学科建设高校 3 所，一般本科高校 18 所，独立学院 6 所。就分类型高校开展国际评估的数量占各自领域内高校的百分比来看，一流大学建设高校在开展国际评估的高校数量方面，占 34 所统计高校的 14.70%，高于一流学科建设高校、一般本科高校和独立学院（表 7-5）。

表 7-5　2016—2017 学年开展国际评估的高校数量

高校	开展国际评估的高校数量 / 所	占统计高校的比例 /%
一流大学建设高校（34 所统计）	5	14.70
一流学科建设高校（87 所统计）	3	3.44

高校	开展国际评估的高校数量 / 所	占统计高校的比例 /%
一般本科高校（705 所统计）	18	2.55
独立学院（140 所统计）	6	4.28
合计	32	3.20

三、强化教学质量监控体系建设，内部质量保障主体作用凸显

完善的教学质量监控体系是大学治理现代化的重要内容。在教育部和各地方政府"管评办分离"的推动下，各高校强化了在质量保障中的主体责任，加快了教学质量内控建设的步伐，高校教学质量保障呈现出从外部评估走向内部质量保障建设为主的新阶段。

（一）强化质量标准建设，推动"国标"颁布实施

不以规矩不成方圆。在某种意义上标准就是质量，质量就是标准。围绕着教学质量标准建设，各高校基本形成了较为完备的教学质量管理制度体系，实现了对理论教学、实验（实践）教学、实习实训、毕业论文（设计）、专业建设、课堂教学、课程建设、试卷质量、考试考核等主要教学环节全覆盖。特别是自 2003 年起，教育部就开始酝酿《普通高等学校本科专业类教学质量国家标准》（以下简称"国标"），《国标》由教育部委托高等学校教学指导委员会研制，参与的专家教授达 5 000 多人，其中包括 50 多名两院院士和知名专家。历经 4 年多研制工作，先后组织了数百场工作研讨会和征求意见会。涵盖了普通高校本科专业目录中全部 92 个本科专业类、587 个专业，涉及全国高校 56 000 多个专业点。

在国标的推动下，各高校加强了对教学各个环节的梳理，形成了覆盖人才培养全过程的教学质量标准体系。例如，攀枝花学院修订了《攀枝花学院课程建设管理办法》，编制《攀枝花学院主要教学环节质量标准》，明确课前、课堂、考核、实践等主要教学环节的质量标准；制订了各专业的培养标准（培养要求）、《关于课程教学大纲制订（修订）的若干规定》，各学院完成了与 2016 级人才培养方案配套的课程教学大纲（课程标准）修订、审核和汇编工作。同时，根据专项评估需要，制订了专业评估、核心课程评估、课堂教学评估等质量标准。又如，湖北理工学院制订了本科教学质量标准，包括专业建设质量标准、课程建设质量标准、传统理论教学质量标准、MOOC 与在线学习课程教学质量标准、翻转课堂课程教学质量标准、实验教学质量标准、实习（实训）质量标准等。其中，MOOC 与在线学习课程教学质量标准就包括教学设计、教学内容等 6 个项目及 31 个要素。

（二）完善质量监控组织，夯实基层教学组织建设

质量监控组织是确保教学质量运行有效的重要保障。据已有质量报告显示，各高校健全了校院两级质量保障组织体系，基本形成了党政一把手为第一负责人，分管副校长具体负责，教务处（或教学质量监控处）具体执行，教学工作指导委员会、教学督导组、教师能力发展中心等多单位协同配合的多元立体质量保障组织体系。在质量保障过程中，高校充分发挥基层教学组织在保障和提升教学质量方面的作用，通过强化基层教学组织建设，发挥二级学院（系、部）的主体作用，推动了质量保障重心下移，质量保障制度建设前移，实现了全方位、多角度、各环节保障本科教学质量，确保教学质量监控常态化、长效化。

例如，常州工学院设立了与教务处平行的教学质量评价机构——教学指导评估中心，建立了以"一级评估，三级监控"为核心的教学质量监控体

系。"一级评估"是教学指导评估中心以学校人才培养目标评价教学质量，通过评估汇总教学质量信息并向学校进行反馈，建立长效的教学质量评估制度，达到"以评促建，以评促改，以评促管"的目的。"三级监控"即学校、二级学院、专业系的三级监控。学校教务处和校督导组是学校最高层的监控，负责制订学校各个教学环节的质量标准和监控制度。教学质量监控由教务处和校督导组、二级学院、专业系三级教学管理部门层层把关。

浙江大学积极探索建设新型的基层教学组织。各学院根据教学工作、教学改革及教学学术活动需要，设立相应的基层教学组织，实行首席责任教授任期负责制。学校每年拨发基层教学组织活动经费，并进行绩效评估和奖励。目前，基层教学组织总数达到 206 个，其中以课程为依托建设的基层教学组织 89 个，以实验为依托建设的基层教学组织 10 个，以专业为依托建设的基层教学组织 107 个。2016 年，在对基层教学组织从有效性和合理性两个方面进行专项调研的基础上，对基层教学组织进行了阶段性总结、评估，对优秀基层教学组织给予奖励。

又如，华中农业大学发挥基层教学组织功能，依托系、教研室、课程组、教学团队、实验教学中心等基层教学组织，以课程建设为纽带，加强青年教师培养，实行助教制、青年教师导师制、课程（组）负责人制；强化课堂教学规范，实行新开课预讲和审批、集体备课、试卷三审、集体阅卷等制度；彰显基层组织教学功能，定期开展"青年教师讲课竞赛""名师示范课""名师讲坛"等活动。有校级优秀基层教学组织 27 个。

（三）充实质量管理队伍，提高质量运行的执行力

质量管理队伍是严把质量关口，提高质量保障执行力的重要条件。从已发布的质量报告看，各高校本科质量管理队伍不断充实，并正逐步向专业化、职业化方向发展，形成了教学运行管理和教学质量保障相互协调、相互

支撑的管理队伍。通过对 111 所高校的调研，教学质量监控和评估中心平均配置有 4.59 名工作人员；在教学督导层面，吸纳各教学单位主管教学领导成为督导组成员，对 165 所高校的调研显示，高校平均配备校级教学督导专家 18.58 人。高校设立学生教学信息员，均匀分布在不同年级专业，教学信息员可及时向校院部反映教学过程中存在的问题或提出建设性意见。通过明确三级质量保障人员的工作职责和工作任务，保障和规范高校日常教学顺利运行。

2017 年基本状态数据库显示，一流大学建设高校、一流学科建设高校、一般本科高校和独立学院平均配置教学管理人员分别为 143.39 人、81.61 人、57.01 人和 29.61 人，教学管理人员占比分别为 43.26%、40.45%、37.96% 和 36.00%，可见一般本科高校和独立学院在教学管理人员配备上要弱于"双一流"大学建设高校。此外，一流大学建设高校、一流学科建设高校、一般本科高校和独立学院平均配置教学质量监控人员分别为 9.89 人、5.26 人、5.66 人和 4.47 人；从相对数量来看，一流大学建设高校、一流学科建设高校、一般本科高校和独立学院教学质量监控人员占比分别为 2.69%、2.16%、3.45% 和 4.23%（表 7-6）。一般本科高校和独立学院的教学

表 7-6　2017 年各类本科高校质量管理队伍情况

项目	一流大学建设高校	一流学科建设高校	一般本科高校	独立学院	总计
教学管理人员 / 人	5 879	7 590	47 605	7 372	68 446
质量监控人员 / 人	366	405	4 327	867	5 965
校均教学管理人员 / 人	143.39	81.61	57.01	29.61	56.2
校均质量监控人员 / 人	9.89	5.26	5.66	4.47	5.56
教学管理人员占比 /%	43.26	40.45	37.96	36.00	38.40
质量监控人员占比 /%	2.69	2.16	3.45	4.23	3.35

监控人员占比要高于一流大学建设高校和一流学科建设高校。

四、丰富教学质量保障手段，教学质量监控更加多元有效

完善的质量保障手段是实现教学质量监控的重要杠杆。经过多年实践，高校教学质量监控体系日趋成熟和完善，尤其监控措施日渐多样化，形成了包括教学督导制度、教学评价系统、学生信息员制度、例行教学检查制度、毕业设计（论文）检查制度、试卷检查制度、领导听课制度、院（系）本科教学评估制度、毕业生满意度评价、第三方评价和社会评价等内容的多维度、全环节的科学规范的监控体系，为高校质量保障提供了强有力的支撑。

（一）日常教学检查常态化

开展教学检查是了解教学、发现和解决教学问题的最常见教学监控手段。从已有质量报告看，高校日常教学检查已经形成了固定程式，成为本科教学质量最为基础性的工作。例如，南阳师范学院建立三阶段检查制度。开学初重点对教师教学准备、教学秩序和教学保障等进行监控；期中重点检查教师教学材料、教学秩序、课堂教学质量以及学院教学监督与管理情况。期末重点检查学期末的各项工作，对期末考试的组织与领导、考试命题、考务工作、监考与巡考、阅卷与成绩登录等各环节进行检查，严格考试管理，严肃考风，促进教风与学风建设。从已有质量报告看，三段式检查制度在规范教学秩序、提高教学质量方面发挥了重要作用。根据对 2017 年教学质量报告的统计分析，有 86 所高校开展了三段式教学检查，占调研高校的 8.61%（图 7-5）。

从已有质量报告看，部分高校在实践过程中也形成了常规检查与专项检

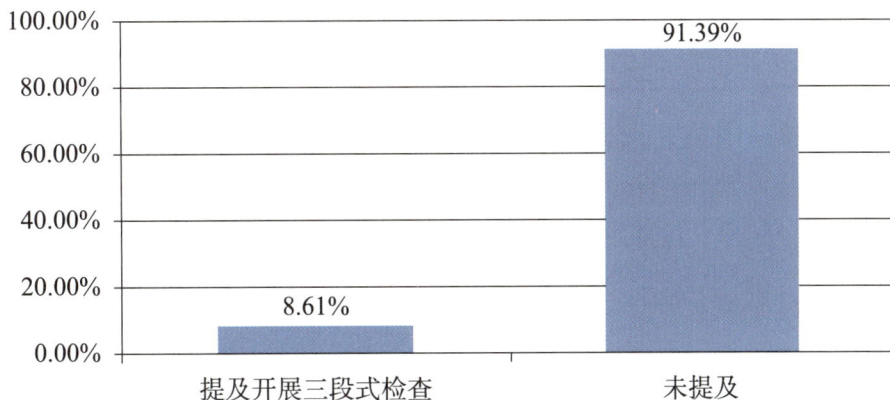

图 7-5　2017 年高校教学质量报告中关于开展三段式教学检查情况

查结合的教学检查制度。例如，贵州大学实施"五专一综"教学评估。"五专"是指"教师教学水平、实践教学质量、课程考试质量、毕业论文（设计）质量和学生学习与发展" 5 个专项评估，"一综"是指"学院（科研单位）年度贡献度及竞争力"综合评估。"五专一综"评估全面、真实地反映了学校的教育教学状态和整体实力，客观、科学地综合评价了各单位的年度贡献度及竞争力，同时为学校领导决策、资源分配和工作绩效考核提供了重要参考依据。

又如，大同大学教务处对 2016—2017 学年 60 个专业 350 门课程的 15 000 余份试卷、42 个专业 1 200 余份毕业论文（设计）进行了抽查。教学指导与督导委员根据学校安排，开展课堂检查，2016—2017 学年共听课 1 000 余人次，组织师生座谈会 50 余次。各学院开展日常教学检查，举行学生座谈会，保障课堂教学质量，2016—2017 学年各学院共举办公开课、示范课 50 余节。可见，结合日常教学运行开展了包括专业教学计划执行情况、教学大纲执行情况、课堂教学基本要求执行情况、课程考核管理、毕业设计（论文）等工作的专项检查，成为高校监控教学质量的最有效的方式。

（二）教学督导制度正规化

教学督导是中国高校富有特色的质量保障制度，这一制度最初源于20世纪90年代初，随着中国本科教学评估不断推进，教学督导制度从临时性制度走向正规化，并成为高校教学质量监控的一个重要手段。从实施高校情况看，教学督导制度对于维护日常运行秩序、强化教学纪律、加强教学管理、改进教学工作起到了不可替代的作用。例如，四川大学实行课堂教学质量督导全覆盖。通过校、院两级督导专家队伍听课、督导委员"联系卡"制度等工作方法和制度，落实了对全校本科课程听课全覆盖的要求。学校通过网络视频督导平台系统，每天抽查教室100余堂次，全年监控教室近1.8万余堂次，及时发现、跟踪和处理课堂教学问题，为规范课堂教学秩序，保障课堂教学质量起到积极作用。

随着教学督导作用的有效发挥，高校对于教学督导建设明显重视，并在具体实践中不断探索创新，形成了新教学督导机制。例如，北京邮电大学重新组建了新一届本科教学督导专家组，在专家结构上进行大胆创新，由具备丰富教学经验或管理经验、具有教授或同等职称的本校和外校教师以及企业管理人员组成。首次开展校际之间的"协同督导"和"校企联合督导"。又如，合肥学院成立了教学督导工作委员会，形成了覆盖全校的二级教学督导机构。教学督导工作委员会由熟悉学校办学定位、在教学科研一线工作的教授、专家和教学管理人员组成。再如，常熟理工学院构建了校、二级学院两级教学督导机制。再如，浙江音乐学院突出教学督导的作用。督导人员对各教学单位的教学管理、教学方法、教学手段、教学效果进行督促、检查和评价。通过"推门听课""巡课"与"点课""约课"相结合，日常巡察和重点抽查相结合，集中听课、集体研讨与分散听课、个别研讨相结合，督查性听课与学生座谈相结合等办法，积极探索教学督导工作的新思路和新方法，实现了"督教、督学、督管"三个方面全面把控。

（三）内部质量评价信息化

高校课堂是人才培养的主阵地，课堂教学评价的好坏直接反映了课堂教学质量。从已有质量报告分析看，高校已形成了学生评教、同行督导评教、领导评价以及社会参与评教等多元评价。特别是近年来，随着信息技术的广泛应用，依托信息技术开展评教成为高校课堂教学评价的主要形式，扩大了评教的覆盖面，推动了评教的便捷性，提高评教的科学性。

例如，北京科技大学借助互联网手段，建设微信评教平台"爱评教"，提高学生评教的主动性和评教结果的客观性。2016—2017 学年，有 3 398 个讲台开展了学生评教，其中评教分数在 90 分以上的讲台 2 847 个，评教分数在 75 ~ 90 分之间的讲台 498 个，优良率为 98.44%。又如，洛阳理工学院积极利用教学信息化新技术，建设了"洛阳理工学院掌上评教"APP，对全校所有课程实现了全覆盖，提高了学生评教的积极性和便捷性。

再如，河南大学出台了"河南大学教师发展性评价实施方案"，该系统注重教师的自我评价，发挥评价对象的积极性和主动性，并关注教师的个体差异，个性化设定评价标准。逐步形成以教师自评为主、他评为辅的评价方式。在试运行阶段共有 1 300 余名教师参与发展性评价，收集数据 20 000 余条，为学校教学工作提供了大量的信息支持，方便教师进行自我发展性评价，取得了非常好的效果和反响，此项教学改革本学年度获得河南省教学成果奖特等奖。

从相关统计数据对比来看，高校评教覆盖比例以及评教优良率 2017 年比 2016 年均有所提升（图 7-6，图 7-7）。

1. 从督导评教看。2016—2017 学年 289 所高校中同行督导平均听课 1 101.05 门次。从全国高校的统计数据来看，高校同行督导评价覆盖率

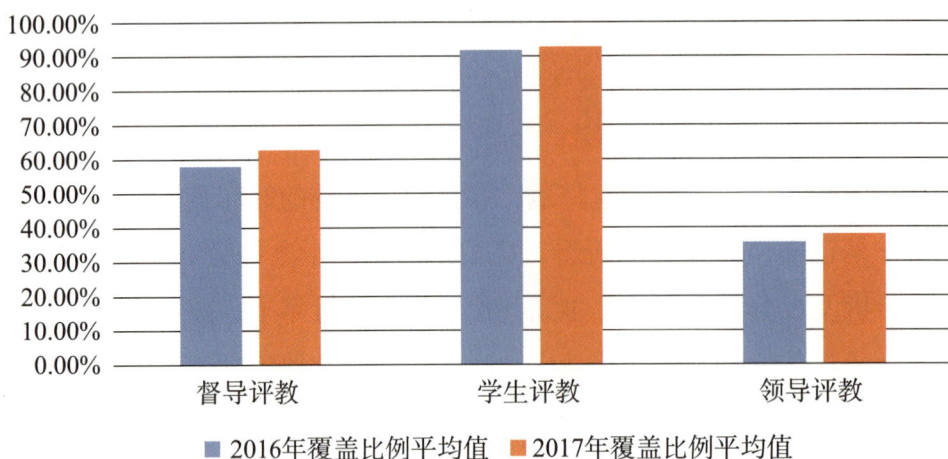

图 7-6　2016 年和 2017 年评教覆盖比例对比

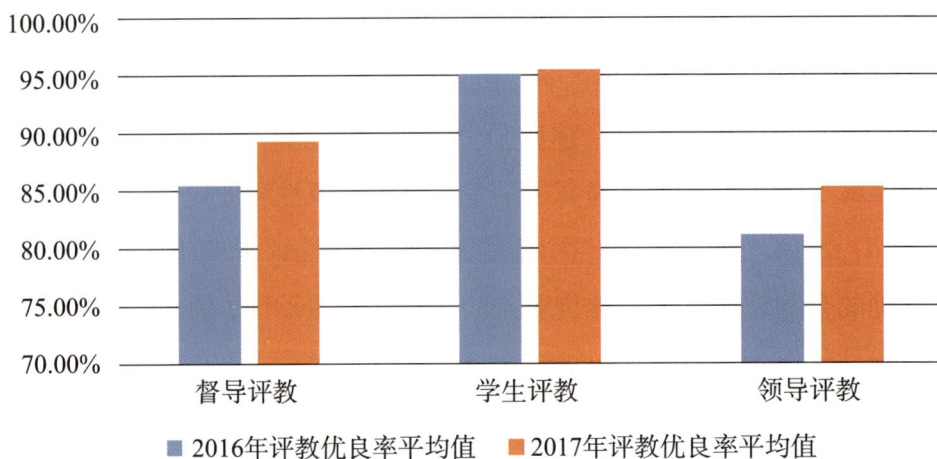

图 7-7　2016 年和 2017 年评教优良率对比

有所提高，高校督导听课覆盖比例由 2016 年的 58.29% 提高到 2017 年的 62.93%，较上年提高了 4.64 个百分点。同行督导评教优秀率为也有稳步提高，2017 年比 2016 年高出了 2.28 个百分点（表 7-7）。

根据 2017 年教学基本状态数据统计，一般本科高校和独立学院同行督导评教的覆盖比例分别为 70.21% 和 66.37%，覆盖率明显高于一流大学建设

表 7-7 2016—2017 学年高校同行督导评教情况

年份	覆盖比例 /%	评教优秀 /%	评教良好 /%	评教中等 /%	评教差 /%
2016	58.29	54.58	31.00	5.04	0.41
2017	62.93	56.86	32.62	5.18	0.44

高校、一流学科建设高校的 32.29% 和 44.8%。从同行督导评教的优良率来看，一流大学建设高校、一流学科建设高校和一般本科高校同行督导评教的优良率分别为 94.81%、96.24% 和 94.92%，高于独立学院同行督导评教优良率的 92.29%（表 7-8）。

表 7-8 2017 年各类本科高校同行督导评教情况

项目	一流大学建设高校	一流学科建设高校	一般本科高校	独立学院	总计
同行督导评教覆盖比例 /%	32.29	44.8	70.21	66.37	66.18
同行督导评教优 /%	58.57	58.88	61.56	54.41	59.84
同行督导评教良好 /%	36.24	37.36	33.36	37.88	34.66
同行督导评教中 /%	4.74	5.44	6.21	8.47	6.55
同行督导评教差 /%	1.02	1.06	1.32	1.82	1.37

2. 从学生评教看。2016—2017 学年，学生评教平均参评率为 93.24%，比去年高出了 1.15 个百分点。学生评教结果优秀的比例 2007 年平均值为 75.37%，也比 2016 年高出了 0.64 个百分点，可见学生对本科教学质量的满意度也在逐年提高（表 7-9）。

从分类型高校学生评教情况来看，一流大学建设高校、一流学科建设高校、一般本科高校和独立学院学生评教的覆盖比例分别为 90.66%、

表 7-9　2017 年各类本科高校学生评教情况

年份	参评率 /%	评教优秀 /%	评教良好 /%	评教中等 /%	评教差 /%
2016 年平均值	92.09	74.73	20.44	3.11	0.30
2017 年平均值	93.24	75.37	20.19	2.97	0.32

92.81%、94.8% 和 93.89%，一般本科高校和独立学院学生参与评教的积极性要稍高于"双一流"大学建设高校。2017 年教学状态数据显示，一流大学建设高校、一流学科建设高校、一般本科高校和独立学院学生评教的优良率分别为 96.75%、98.00%、97.62% 和 96.78%，一流学科建设高校和一般本科高校评教的优良率稍高于一流大学建设高校和独立学院（表 7-10）。

表 7-10　2017 年分类型本科高校学生评教情况

项目	一流大学建设高校	一流学科建设高校	一般本科高校	独立学院	总计
学生评教覆盖比例 /%	90.66	92.81	94.8	93.89	94.32
学生评教优 /%	78.1	78.56	76.53	75.95	76.62
学生评教良好 /%	18.65	19.44	21.09	20.83	20.82
学生评教中 /%	3.27	2.08	4.16	5.42	4.17
学生评教差 /%	1.1	0.81	1.13	1.41	1.13

3. 从领导评教看。各高校强调校系两级领导干部、校级督导专家和院系同行听课制度，部分高校对领导每学期听课次数也做出了明确规定。据对 89 所高校校领导听课情况的统计，高校校领导 2016—2017 学年年均深入课堂听课 50.86 人次。从全国高校的领导评教统计数据来看，2017 年领导评教在评教的平均覆盖比例和优秀率上均比 2016 年有所提高（表 7-11）。

表 7–11　2017 年高校领导评教情况

年份	覆盖比例 /%	评教优秀 /%	评教良好 /%	评教中等 /%	评教差 /%
2016 年平均值	35.58	50.20	31.14	4.80	0.42
2017 年平均值	38.29	54.56	30.84	5.18	0.44

从分类型高校领导评教情况来看，一般本科高校和独立学院领导评教的覆盖比例分别为 45.18% 和 43.99%，覆盖比例明显高于一流大学建设高校、一流学科建设高校的 12.82% 和 22.95%。从领导评教的优良率来看，一流大学建设高校、一流学科建设高校和一般本科高校领导评教的优良率分别为96.42%、99.20% 和 94.32%，高于独立学院的 92.52%（表 7–12）。

表 7–12　2017 年分类型本科高校领导评教情况

项目	一流大学建设高校	一流学科建设高校	一般本科高校	独立学院	总计
领导评教覆盖比例 /%	12.82	22.95	45.18	43.99	42.07
领导评教优 /%	65.81	67.86	60.11	56.04	60.11
领导评教良好 /%	30.61	31.34	34.22	36.48	34.31
领导评教中 /%	5.4	3.61	6.99	9.07	7.07
领导评教差 /%	1.69	0.8	1.71	2.07	1.7

（四）外部质量评价多元化

教育规划纲要指出，"根据培养目标和人才理念，建立科学、多样的评价标准。开展由政府、学校、家长及社会各方面参与的教育质量评价活动。"随着高等教育大众化进程加快，高等教育利益群体不断扩大，让社会各界了解高等教育、参与高等教育质量保障成为大学治理的一项重要课题。特别是近年来，各高校以办人民满意教育为目标，积极引入了包括毕业生满意度调查、用人单位调查、第三方评价等方式，鼓励社会企事业单位参与高校质量保障，形成了开放多元的外部质量评价方式。

1. 毕业生满意度调查。毕业生满意度调查是高校了解教学效果，反馈教学问题，改进教学工作的重要手段。尤其是随着以学生为中心、基于学习效果输出等先进理念意识的树立，开展毕业生满意度调查，分析学生满意度与学习体验、投入、效果之间的关系成为高校持续改进教学必不可少的措施。

例如，北京邮电大学依托毕业生离校系统，连续4年面向应届本科毕业生开展毕业生网上问卷调查。围绕毕业生的自我评价、专业学习满意度、课程设置和教学安排、能力训练、综合评价等多个方面展开调查，为学校改进教学提供了可靠决策支持。又如，湘潭大学坚持学生在教学中的主体地位，定期开展大学生学习满意度调查和毕业生满意度调查，通过学生教学信息员收集学生对学校办学条件、教学管理、教师教学等方面的意见和建议，对于学生反馈的问题、建议与要求，及时进行整理分析。

2016—2017学年本科质量报告显示，921所本科高校组织开展了教学满意度、学生工作满意度、教学条件满意度、学校整体满意度等本科教学满意度调查（图7-8）。调查显示，高校毕业生对学校教育教学质量和管理工作的综合评价满意度较高。

2. 第三方评价和社会评价。积极引入第三方评价是让社会参与高校质量保障的一个重要渠道，也是让社会了解高校办学的重要窗口。从各高校质量报告反映的内容看，部分高校与社会及用人单位保持密切的沟通与协作，开展多种形式的校外教学质量评价活动。或者邀请企业参与到学校的课程标准、人才培养标准制订中来，或者借助于各种评估活动主动邀请企事业单位对高校人才培养质量进行诊断，查找问题，发现不足并及时改进，形成了企

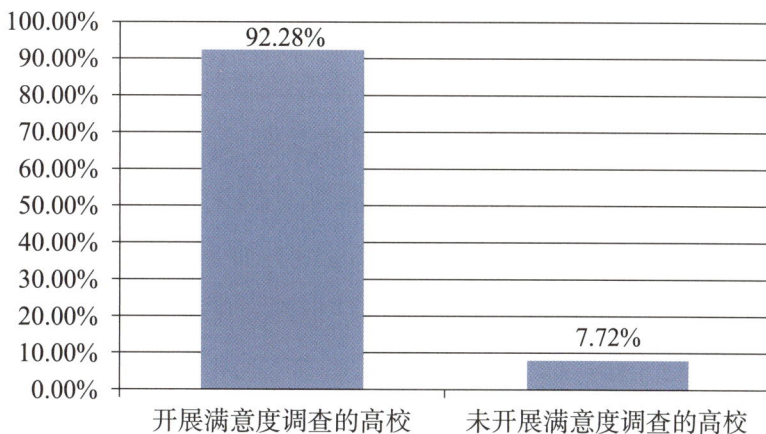

图 7-8　2016—2017 学年高校开展毕业生满意度调查情况

业、事业单位、政府等第三方力量参与质量管理的多层次质量保障体系。根据对 2017 年高校质量报告的统计分析，有 176 所高校开展了第三方评价，占统计高校的 13.02%（图 7-9）。

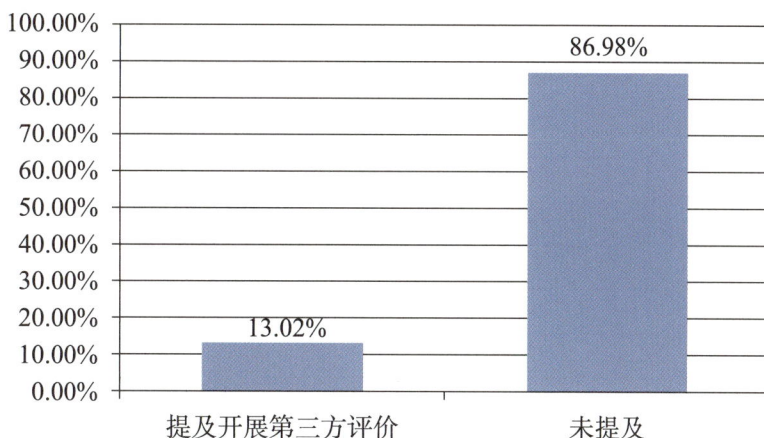

图 7-9　2016—2017 学年高校质量报告中提及"第三方评价"情况

　　例如，上海外国语大学委托麦可思公司连续对 2012 届、2013 届、2014 届毕业生进行毕业三年后跟踪，了解学生毕业三年后的月收入涨幅、晋升状况、职业行业竞争力等方面的状况，衡量毕业生的中期就业能力和职业发展潜力以及毕业生的职业发展质量。2016 年起，学校又委托麦可思公司启动在校生跟踪评价。对学生整个在校过程中的表现及感受进行连续跟踪，并将结果反馈到学校教学和学生工作当中，帮助学校持续了解培养成效。又如，四川大学持续开展了"毕业生社会需求与培养质量半年后跟踪测量评估"。2016 年学校与其他高校课题组联合进行"中国大学生学习与发展追踪研究"（CCSS）网络调查工作。以学习者为中心，关注学习动态过程并以院校改进为导向，通过调查大学生的入学背景与基础、在学就读经验和求职就业行为，获取有关人才培养质量监测所需数据，提高本科教育教学质量。

除开展第三方调查之外，部分高校（占统计高校的 17.13%，图 7-10）通过校内专场招聘会、大型双选会向用人单位发放问卷，以及到用人单位实地走访、考察、调研、座谈的形式，持续开展用人单位对毕业生满意度的跟踪调查，并及时将跟踪调查的情况反馈给教学单位。各教学单位根据反馈意见定期对毕业生质量进行分析，结合用人单位反馈及时调整教学计划和教学内容，形成"环环紧扣、层层响应、及时调整"的"招－培－就"联动体

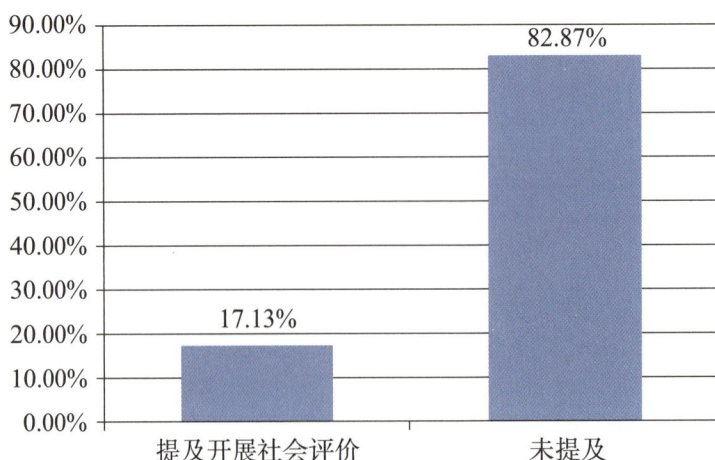

图 7-10 2016—2017 学年高校质量报告提及"社会评价"情况

系，用人单位对毕业生的满意度不断提高。

五、树立教学质量保障先进理念，
质量文化建设取得明显进步

质量文化是一所大学在质量建设过程中形成的质量观念、内在价值追求以及与这些观念和价值追求相适应的制度保障、行为规范以及质量保障行为方式。在高等教育对外开放不断扩大，高等学校国际交流不断加深的大背景下，以学生为中心、基于成果输出、持续改进、基于事实和数据等先进的理念和方法不断被介绍并引入高校质量保障领域，推动了高校不断转变质量保障方式，更新质量保障手段，改革质量保障运行机制，形成了新的质量文化生态。

（一）树立以学生为中心的理念，管理服务育人融入质量保障体系

以学生为中心既是一种教育理念，也是一种管理原则。从各高校质量报告看，以学生为中心的理念已经渗透到人才培养各个环节，推动高校质量保障围绕学生、服务学生这一主线，不断完善质量保障体系，创新质量保障方式。例如，安阳师范学院对各职能部门要求牢固树立"管理育人""服务育人"的理念，以"一切为了教学，一切服务教学，一切服从教学"为宗旨，转变工作作风，增强服务能力。为此，学校在后勤服务中引进了ISO9001质量管理体系，实行服务承诺制和限时办结制，提供优质服务，增强保障能力，保证教学工作的正常开展。又如，南京邮电大学探索构建了"学"（学生、学习、学生发展）为中心"12345"教学质量保障体系。"学"为中心"12345"教学质量保障体系即：一个保障理念（"学"为中心），二项保障原则（保障技术与质量文化），三纵（课程、专业和学校）三横（学生、教师

和管理）保障范围，四环节保障路线（质量目标、监控与评估、信息反馈、改进与提高），五项建设（质量文化、保障机制、监控与评估水平、教学质量状态数据库以及质量报告制度与水平）。该体系涵盖了质量保障的指导思想、原则、范围、技术路线及建设内容等基本要素，形成比较完整的保障体系。

　　从各高校发布的质量报告看，经过一段时间实践积累，大部分高校已经形成了有标准、有制度、有组织、有人员、有反馈、有改进的闭环质量保障体系，推动了高校管理育人和服务育人进入新的发展阶段。根据对2016—2017学年高校质量报告中998所提及质量保障体系建设高校进行的分析，45.89%的高校提及了质量保障体系建设。在统计的18项健全质量保障体系的主要工作举措中，大部分的高校将工作集中在积极开展和完善主要教学环节质量标准建设/建设校院两级督导队伍/坚持实施领导听课、督导听课巡课、学生评教等制度/质量保障信息化及利用/开展专项教学检查等五项工作方面，分别占998所统计高校的61.32%、62.73%、82.76%、48.49%和45.59%（表7-13）。

表7-13　教学质量保障体系建设及工作举措

保障要素	工作举措	高校百分比
制度保障	修订和补充完善各项教学质量监测管理制度	39.17%
	严格执行各项制度，坚持原则，按制度办事，保证制度的严肃性	32.87%
标准保障	积极开展和完善主要教学环节质量标准建设	61.32%
组织保障	成立校院两级质量保障机构	39.64%
	设有独立的监控办、评建办、教学督导办公室等质量监控机构	15.33%
人员保障	设置教学质量监控管理队伍	8.01%
	建有校院两级教学督导队伍	62.73%
	建有教学信息员队伍	35.77%

续表

保障要素	工作举措	高校百分比
过程保障	开展"三段式"教学检查	8.61%
	开展专项教学检查	45.59%
	坚持实施领导听课、督导听课巡课、学生评教等制度	82.76%
	质量保障信息化及利用	48.49%
结果保障	组织实施专业认证和专业评估	39.35%
	开展教师教学质量考核	11.08%
	开展在校生、毕业生及用人单位满意度调查	43.08%
机制保障	教学激励与惩处机制	22.61%
	教学信息反馈与改进机制	19.03%
文化保障	加强质量意识培育，开展多种活动	5.2%

（二）树立质量保障的规矩意识，健全高校教学质量保障制度建设

明确清晰、简易可行的规章制度是提高质量的重要保障。各高校结合教育系统开展教育实践活动，结合党内教育巡视活动，更加重视学校教学管理的建章立制，坚持以制度规范教学，以制度保障教学，以制度引导教学。例如，浙江工业大学不断完善和健全教学质量保障制度，现行教学质量制度体系分三类：包括指导性文件，如"制订本科培养计划的原则意见""加强与改进本科教育的若干意见"等14个；规范性文件，如"教学与教学管理事故认定及处理办法""本科教学工作规范"等17个；专项性文件，如"教学建设与管理"文件8个、"教学实践管理"文件5个、"学籍与教务管理"文件25个，其他文件6个，共75种，并形成《浙江工业大学本科教学管理文件汇编》（2014年版）。2016年底，学校将2015年以来新出台的本科教学管理制度文件汇编成册，文件覆盖从新生入学到教学过程到毕业所有环节，从

教师、学生到管理人员所有质量责任主体的所有教学活动和管理活动，确保有制可依，落实到位，使得教学质量管理工作走向规范化、常态化和自觉化。

特别是 2017 年，为贯彻落实立德树人这一根本任务，教育部先后印发了一系列加强教学管理的指导性文件，包括《中共教育部党组关于加强高校课堂教学建设　提高教学质量的指导意见》《普通高等学校学生管理规定》等，这些规定对于进一步规范高校依法进行教学管理、学生管理起到了积极的引导作用。依据这些基本规定，各高校先后开展了课堂教学、学生管理等系列教学管理制度修订。例如，河海大学陆续修订和制订了多项教学管理规章制度，陆续发布了《河海大学学生管理规定》和《河海大学全日制普通本科生学籍管理办法》，规范学生管理行为，保障学生合法权益，维护学校正常的教育教学秩序。为加强学风、校风建设，切实保障教育教学质量，学校还发布了《河海大学学生违纪处分办法》和《河海大学学生考试纪律及违纪处理实施细则》。加强了课程建设过程管理与监控。学校还制订出台了《河海大学本科实习教学质量考核评价管理办法》和《本科生毕业设计（论文）管理系统资料提交标准》，以推进实践教学内涵建设，从根本上保障实践教学质量。

（三）树立质量保障的底线意识，建立基于大数据的质量监测机制

高校质量保障从某种意义上讲就是建立一种质量止退力，防止质量下降与滑坡。因此质量保障就是要有质量的底线思维，建立基于大数据分析基础之上的质量保障基本要求。尤其在信息技术、大数据广泛应用的大背下，应用大数据来统计分析质量保障的基本要求，实时监测高等教育质量，服务高校质量决策，成为中国高等教育质量保障走向科学化的重要标志。

从国家数据平台应用情况看，自建立以来，数据平台已经升级为 2.0

版，数据采集包含了基本信息、学校基本条件、学科专业、教师信息、人才培养、学生信息、教学管理与质量监控等七大类内容。目前数据平台的建设对于服务高等学校建立本科质量常态监测机制、服务国家实现对高等教育质量的常态监控、服务地方教育管理部门完善区域内高等教育质量保障制度、服务社会公众了解高等教育客观信息都起到了积极的不可替代的作用。

从已有质量报告看，各高校已基本建立起集教学基本状态数据收集、填报、分析、反馈机制、整改于一体的大数据分析决策机制。2017 年高校质量报告显示，有 399 所高校质量报告中提及了教学基本状态数据库，占统计高校的 39.97%。有 599 所高校在质量报告中对教学基本状态数据库没有描述，占统计高校的 60.03%（图 7-11）。

总之，随着国家教学状态数据平台的广泛应用，依托数据采集、统计、分析，成为高等学校开展质量监测的新趋势。例如，兰州城市学院教学质量

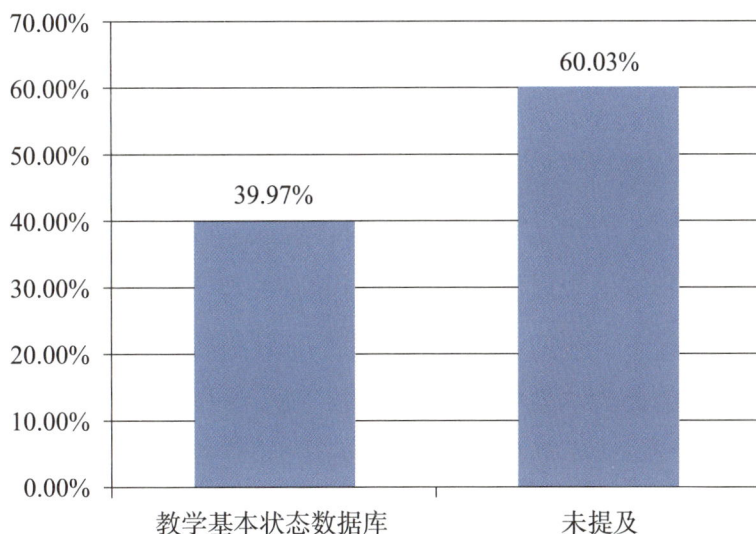

图 7-11　2017 学年高校质量报告提及"教学基本状态数据库"建设情况

监测与评估中心利用学校教学基本状态数据库系统中的评估模块，根据采集的数据随时开展各类专项评估，将评估情况及时反馈到相关部门和学院，督促整改。利用本科教学基本状态数据系统采集的评估数据，学校顺利完成了10项评估工作：专业学位评估、人才培养方案实施情况评估、试卷及毕业论文（设计）评估、课程评估、教材使用情况评估、实验室评估、教研室工作评估、学生学习质量评估、教师教学业绩考核评估、期末考试考场评估。例如，西安电子科技大学在基本状态数据库的基础上，设计实现了审核评估、专业评估、课程评估、学院评估、质量报告和教学质量监控分析等功能的模块。通过常态化的数据采集、灵活定制评估指标和结果统计分析，可以对各观测点达标情况、历年数据发展趋势进行科学判断、常态监测，为学校发展规划及校领导决策提供辅助依据。根据不完全统计，约有14.82%的高校已自主研发或引进了教学质量监测数据平台，为学校质量常态监测、自我评估、促进教学、发布质量报告等提供可靠的依据。

（四）树立质量保障的反馈意识，建立持续改进的质量保障机制

质量保障最终要落实到教师身上，落实到课堂教学的改进，并归根结底落实到学生个人成长上。树立质量反馈意识，强调质量结果的反馈就成为质量保障建设的"最后一公里"。例如，辽宁师范大学设立了书记、校长信箱，教务处、学生处均建立了网站，及时传递教学改革、教学工作信息，对学生提出的问题和建议予以答复。定期召开有关教学工作的学生座谈会、督导反馈会，下发各专项评估情况的教学通报，开展教学工作问卷调查，实行本科生学习事务委员会"教学信息月反馈"制度，网上听课系统设立听课意见反馈功能，进行毕业生质量跟踪调查等，初步建立起以教师、教学管理人员、在校学生为主体的校内教学信息反馈系统，及以毕业生信息、用人单位信息、人才市场需求信息为主体的社会信息反馈系统，对保障和提高教学质

量起到了积极作用。

从各高校质量报告情况看，大多数高校（占统计高校的 78.84%）建立了信息反馈和持续改进机制，构建了校方为主导、院系为基础、学生积极参与的三级多层教学质量监控体系，建立了"目标管理 – 信息采集 – 监控管理 – 质量评价 – 反馈调控"良性运转的教学质量监控闭合系统。从信息反馈形式看，大部分的高校采用教学督导检查、日常教学检查、学生评教以及教师和学生座谈会等方式来收集教学质量信息，分别占 998 所统计高校的 82.76%、76.65%、74.84% 和 60.42%（图 7–12）。

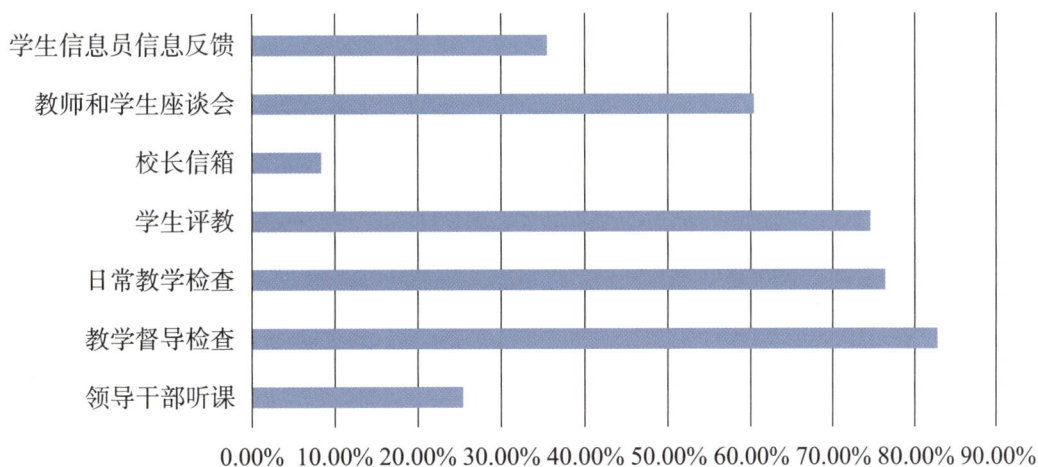

图 7–12　高校教学质量信息采集方式

随着互联网技术的日新月异，通过互联网技术获取信息、统计分析信息和有效利用信息，初步形成了质量保障的闭环管理模式。2016—2017 学年本科质量报告显示，190 所高校提及建立了教学质量信息采集及反馈机制，占统计高校的 19.03%，190 所高校中大部分的高校采用网络反馈、纸质材料反馈和教学例会反馈，分别占统计高校的 73.40%、57.65% 和 35.23%（图 7–13）。

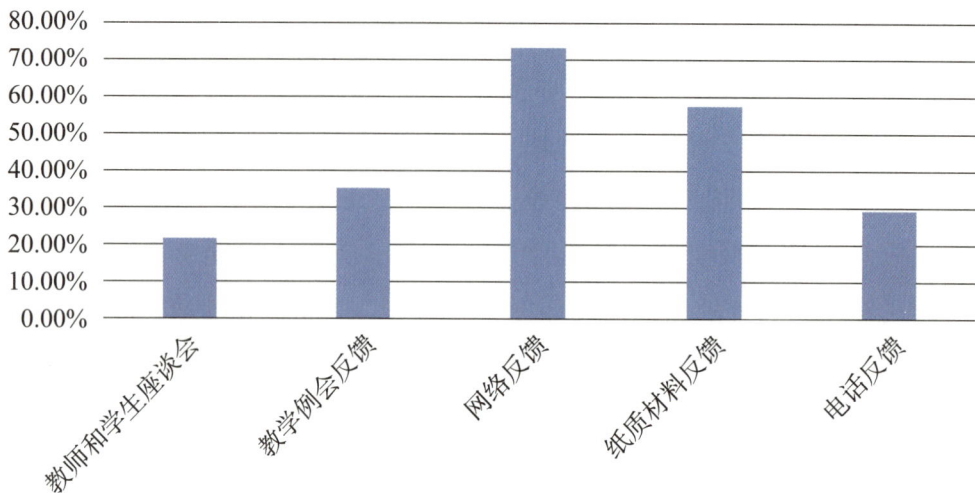

图 7-13　高校教学质量信息反馈方式

（五）树立质量保障的公共服务意识，完善了高校质量报告发布制度

大学既是一个教育机构，同时也是一种公共服务机构。随着现代公共管理理论兴起，引入公共管理的方法手段，强化高校公共服务意识，吸引社会大众了解大学，参与大学管理成为现代大学管理一个重要趋势。

根据教育规划纲要要求，自 2012 年起，为了进一步建立健全高等教育质量保障体系，及时向社会展示高校办学特色、宣传办学理念和教学成果，教育部先从"985 工程"高校进行试点发布质量报告，之后进一步扩大到"211 工程"高校和全国所有普通本科高校。与此同时，为了充分展示高等教育发展办学成就，及时总结高等教育发展经验，客观分析高等教育存在问题，教育部先后以新闻发布会形式集中公布中国高等教育质量、本科教育质量等。并委托相关专业机构，开展中国高等教育、中国本科教育质量现状研究，先后发布了《中国高等教育质量报告》《中国本科教育质量报告》。这些工作对于全面展示办学成就、学校风貌和办学特色，宣传办学理念和教学成果，及时总结本科人才培养状况，完善信息公开制度，回应社会关切，增强高校办学社会责任意识都起到较好的推动作用。在教育部的主动带领下，各省（自治区、直辖市）也纷纷要求各高校通过学校主页、教学质量监控处网站主页、信息公开平台等向社会公布。同时，以编制发布本科教学质量报告为契机，各地进一步总结本地高校的本科教学状态，厘清学校教学发展现状，查找教学存在的突出问题，为后续进一步深化教育教学改革，提供了重要参考。

从高校发布质量报告效果看，通过年度教学质量报告编制及发布工作，推动高校及时厘清学校的办学定位、办学目标和教学工作思路，总结学校教学工作的亮点与特色，梳理教学工作中存在的突出问题，为进一步改进教学工作提供了政策依据。实践证明，经过几年的探索，高校回应社会关切问题意识明显增强，部分高校已经从被动发布质量报告转向主动发布，并把发布质量报告作为社会了解高校办学质量的一个窗口。例如，浙江农林大学充分运用教学运行状态监控、教学常态数据监测、麦可思公司对毕业生与在校生调查获得的信息数据，教学质量监控与评估中心会同学校相关部门进行系统整理分析，在完成"浙江农林大学本科教学质量报告""浙江农林大学毕业生就业质量年度报告"的基础上，委托麦可思公司开展毕业生和在校生的跟踪调查，形成"浙江农林大学毕业生培养质量报告""浙江农林大学在校生全程跟踪评价报告"，通过编印发布书面报告、召开专题发布解读会、在线网络发布等形式及时向校内外公开发布。又如，福建警察学院依据福建省教育评估中心发布的 2017 年福建省高校办学质量、发展潜力监测等系列专项报告，编制了"办学质量与发展潜力情况报告"，从办学质量投入、过程、产出及发展战略、实力、质量、影响力等方面，与福建省高校尤其是一般公办高校的办学情况进行全面比较分析，找出存在的差距和不足，明确了下一步的工作重点和努力方向。根据 2017 年全国本科教学质量报告，已有 106 所高校（占统计高校的 8.77%）在质量报告中提及了公开质量报告（图

7–14）。由此可见，高校的公共服务理念在新一轮的教学改革中已经进入人们视野，并渗入高等教育领域的管理实践当中。

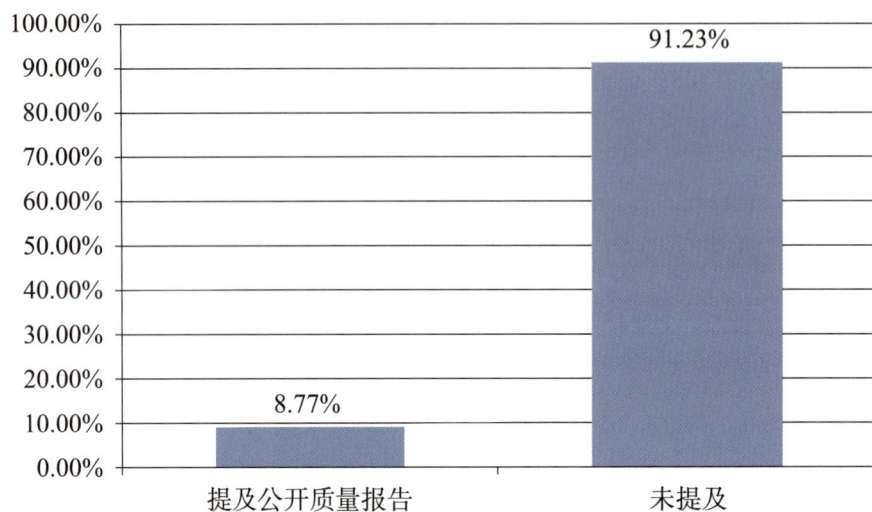

图 7–14　2016—2017 学年高校教学质量报告提及"公开质量报告"情况

第三篇　展望一流本科教育

第八章　建设一流本科教育：形势与挑战

习近平总书记指出，当前我们对高等教育的需要比以往任何时候都更加迫切，对科学知识和卓越人才的渴求比以往任何时候都更加强烈。以习近平同志为核心的党中央始终坚持把教育摆在优先发展的战略地位，做出了一系列重大教育部署和教育改革，国家财政性教育经费占 GDP 连续 5 年保持在 4% 以上，中国教育事业取得了历史性进展，总体发展水平跃居世界中上行列。其中，高等教育在学总规模超过 3 700 万人，我国占世界高等教育总规模的比例达到 20%，成为世界高等教育第一大国；高等教育毛入学率达到 45.7%，正在向国际公认的高等教育普及化阶段迈进；高等教育实现差异化发展，在"双一流"战略引领下，老牌名校瞄准世界一流，新建本科高校则积极向应用型转型，服务地方经济社会转型发展。我国高等教育改革发展取得新成就、迈上新台阶、进入新阶段，对国家发展贡献不断提高，国际影响力不断增强。我国正在从高等教育大国向高等教育强国迈进。与此同时，我们同样应该看到，我国高等教育仍面临着来自系统内部和外部的诸多严峻挑战。

一、一流本科教育面临新形势

当今世界正处于大发展大变革大调整时期，世界多极化、经济全球化、社会信息化、文化多样化深入发展。国际政治、经济、社会、文化发展模式的变革共同构成了高等教育改革发展的外部环境。受到国际形势迅速变化的影响，国际高等教育也进入大转型、大提高的发展阶段，在高等教育全球化的浪潮下，全球性的高等教育市场已然形成。伴随信息技术的迅猛发展、劳动力市场的需求变化、高校在校生群体自身特点和学习方式的改变，高等教育内部也出现了诸多亟待应对的现实问题。

（一）全球化时代国际竞争彰显高等教育的巨大价值

20世纪80年代以来，以经济全球化为核心，世界各国各地区的政治、文化、科技、军事、安全、意识形态、生活方式、价值观念等多个领域相互联系、相互影响、相互制约的全球化局面已经形成，且相互影响的程度不断深入。东欧剧变、苏联解体后，旧的两极政治格局被打破，为其他政治力量留下了发展空间，随着欧盟国家、中国、日本、俄罗斯、印度、巴西等国家的迅速发展，形成了以美国为唯一超级大国的"一超多强"格局。经济全球化推动政治多极化局面的形成。在这种国际局势下，一个国家各项事业的发展都面临着来自全世界的竞争。高等教育作为科技第一生产力、人才第一资源和创新第一驱动力的重要结合点，已成为国家核心竞争力的标志性力量，承载着为中华民族伟大复兴中国梦提供智力和人才支撑的时代使命。

（二）第四次工业革命方兴未艾，急需高等教育主动应对

18世纪中叶以来，人类历史上先后经历了三次工业革命。第一次工业革命开创了"蒸汽时代"，标志着农耕文明向工业文明的过渡。第二次工业革命将人类社会带入"电气时代"，使得电力、钢铁、铁路、化工、汽车等重工业兴起，石油成为新能源，并促使交通的迅速发展，世界各国的交流更为频繁，并逐渐形成一个全球化的国际政治、经济体系。第三次工业革命开

创了"信息时代"，全球信息和资源交流变得更为迅捷，人类文明的发达程度也达到空前的高度。第四次工业革命，是继蒸汽技术革命、电力技术革命、计算机及信息技术革命后的以人工智能技术、清洁能源技术、机器人技术、量子信息技术、虚拟现实技术以及生物技术革命为标志的又一次科技革命。与前三次工业革命相比，第四次工业革命的实质和特征是大幅度地提高资源生产率，摒弃先污染后治理的发展路径，因此也被称为绿色工业革命。回顾历史，我国曾因错过了前两次工业革命而落后挨打。在实现中华民族伟大复兴中国梦的当下，我们必须抓住第四次工业革命的契机，推进经济发展方式的转型升级。在前三次工业革命中，跟随者仍然可以获得技术进步的红利，但是在第四次工业革命中，跟随者将面临重重壁垒，唯有领跑者才有可能在竞争中掌握主动，这大大增强了高等教育改革发展的紧迫性。高等教育战线急需通过适应时代并先于时代的教学工作培养大量优质人才，通过科学研究提高知识更新速度，通过社会服务增强成果转化，使我国在新一轮工业革命中成为领跑者，实现变轨超车。

（三）信息技术倒逼高等教育教学模式转型升级

信息技术是主要用于管理和处理信息所采用的各种技术的总称，主要包括传感技术、计算机与智能技术、通信技术和控制技术。时至今日，信息技术经历了 5 个发展阶段，分别是语言的使用，文字的发明和使用，印刷术的发明和使用，电视、电报和电话的发明和使用，以及计算机和网络的发明和使用。信息技术在全球的广泛使用，不仅深刻地影响着经济结构与经济效率，而且作为先进生产力的代表，对社会文化和精神文明产生着深刻的影响。在我国，计算机仿真技术、多媒体技术、虚拟现实技术和远程教育技术等已经初步运用于高等教育教学实践，但其运用的广度和深度仍有较大的拓展空间。具体而言，我国高校教学仍以传统的课堂传授为主，人工智能、大数据等技术的应用仍处于尝试和试点阶段，尚未得到普遍推广。目前，2000年前后出生的学生已经成为本科教育的主要群体，他们作为信息时代的原住民，其特有的思维方式和学习方式等需要高校积极利用信息技术实现教学模式的创新。

（四）高等教育全球化浪潮赋予高等教育双刃剑

高等教育全球化现象是全球化诸多侧面中重要的一个，随着经济全球化进程的不断深入而愈发显著。不同于高等教育国际化，高等教育全球化涵盖的范围更广，影响力更大。对于高等教育事业发展而言，高等教育全球化可谓是一柄双刃剑，其益处在于可以通过机构、人员、资源的流动迅速补充高等教育资源，学习外国先进的科学技术，满足人民群众对于优质高等教育的需求等；但其弊端也相当明显，在高等教育全球化浪潮中，参与国（尤其是落后国家）一定程度上面临着人才流失、被动接受发达国家标准和规则等问题和挑战。要在全球化的浪潮中勇做弄潮儿，我国高等教育需要苦练内功、坚定自信、有所取舍。

（五）回归本科教育已经成为国际高等教育的普遍共识

21世纪以来，世界各国对高校的职能进行反思，"回归本科教育"成为发达国家的普遍共识。美国卡内基教学促进基金会1998年发布了《重塑本科教育：美国研究型大学发展蓝图》，2001年又发布《重塑本科教育：博耶报告三年回顾》。这两份报告引起了美国研究型大学对本科教育的强烈关注，对本科教育改革产生了广泛而深远的影响。哈佛大学、斯坦福大学、麻省理工大学等超一流大学纷纷回归本科教育，启动本科教学改革。英国正在从国家层面上回归教学，发动一场围绕质量的教育大变革。2016年英国教育部发布的《英国高等教育白皮书》强调围绕以学生为中心提升教学质量，确保每一个学生得到良好的教学体验，鼓励原创思维，推动参与，为在全球范围内工作做准备。

（六）我国社会主义事业发展需要高等教育的强力支撑

党的十八大以来，以习近平同志为核心的党中央围绕"两个一百年"奋斗目标和中华民族伟大复兴的中国梦，统筹推进"五位一体"总体布局，协调推进"四个全面"战略布局，牢固树立创新、协调、绿色、开放、共享的发展理念，开辟了治国理政新境界，开创了中国特色社会主义事业发展新局面。党的十九大标志着中国特色社会主义进入了决胜全面建成小康社会、进而全面建设社会主义现代化强国的新时代。十九大报告提出了七个战略，即科教兴国战略、人才强国战略、创新驱动发展战略、乡村振兴战略、区域协调发展战略、可持续发展战略、军民融合发展战略。十九大报告还提出建设科技强国、质量强国、航天强国、网络强国、交通强国、数字中国、智慧社会等。这些国家战略和强国建设都离不开高等教育的人才、科技和服务的支撑和引领作用。

（七）新常态下中国经济供给侧改革为高等教育改革提出新要求

2014 年 5 月，中共中央总书记习近平在河南考察时说，中国发展仍处于重要战略机遇期，要增强信心，从当前中国经济发展的阶段性特征出发，适应新常态，保持战略上的平常心态，首次提及"新常态"。新常态下中国经济的结构性问题最突出，矛盾的主要方面在供给侧。这种结构性问题单纯依靠刺激内需难以解决，必须改善供给结构。供给侧结构性改革的重点是去产能、去库存、去杠杆、降成本、补短板。供给侧结构性改革须用"创新、协调、绿色、开放、共享"五大发展理念来引领。五大发展理念中，"创新"居于首位。推进供给侧改革，必须牢固树立创新发展理念，推动新技术、新产业、新业态蓬勃发展，解决传统门类生产过剩的问题。新技术、新产业、新业态的发展要求高等教育提供足够的技术和人才支持。相应地，高等教育的人才培养结构也应该进行适当调整，服务于传统产业和业态的人才需求将逐渐减少，能够从事高新技术产业的人才需求将迅速提升，高校需要及时修订人才培养目标、调整专业结构、改变教学方式方法。

二、一流本科教学面临新挑战

伴随着世界格局的急剧变化、国家改革发展的大步前进和高等教育发展模式的根本转变，国家和社会赋予高等教育的使命和任务愈发重要，对高等教育的期待日益提高。党的十九大提出，要加快一流大学和一流学科建设，实现高等教育内涵式发展。"双一流"建设和内涵式发展是今后一段时期内高等教育改革发展的总方针和总要求，都需要发挥本科教育的基础性作用。本科教育作为高校的根本和高等教育的重中之重，在高等教育中具有战略地位，直接影响高等教育整体水平。本科教学工作则是根本的根本，本科教学工作的质量直接影响高等教育大厦的建设质量和高度。对标高等教育改革发展的目标，特别是与教育发达国家相比，我国高等教育依然任重而道远，本科教学工作（尤其是质量改进）仍面临着诸多挑战和问题。

1. 教学理念

教学理念是对教学工作的整体认知和指导思想，教学理念对教学工作全过程具有宏观的指导作用。高校作为科学研究的重要场所，广大教师对先进的教学理念并不陌生，但先进教学理念指导教学改革的作用尚未充分发挥。

一是先进教学理念尚未在教学实践中落地生根。长期以来，在传统的教学理念指导下，我国高校教学工作关注专业知识的传授，强调教师在教学过程中的主导性，以讲授法为主要的知识传授方法，学生的学习以基本知识的识记为主要方式。这种教学理念及其指导下的教学实践已经无法适应国际国内的宏观形势变化和高等教育的全新使命，教学理念的更新势在必行。学生中心理论、建构主义理论、多元智能理论等教育学、心理学最新研究成果已经得到普遍关注，但它们对高校教学实践的指导作用仍有待进一步强化。先进教学理念的贯彻和传统教学实践的改革需要高校的长期努力。

二是教学和科研在高校中的地位有待进一步平衡。教学理念的转变需要改变高校对于大学职能的认知以及高校评价政策。教学、科研、社会服务和文化传承是现代大学的主要职能。伴随高等教育全球化进程的不断深入，科研对于大学经费、声誉的影响作用极大，教学和科研这两个大学的核心职能的关系出现严重失衡。在高校内部，教师的评价制度更侧重科研产出，教学工作与科研产出的地位不可同日而语。早在 2012 年，教育部印发的《关于全面提高高等教育质量的若干意见》就强调牢固确立人才培养的中心地位，树立科学的高等教育发展观。时至今日，教学中心地位的确立仍然是高校改革的重点工作，能否彻底扭转科研和教学的关系对于改变传统教学理念、贯彻先进教学理念具有根本性的影响。

2. 人才培养目标

我国高等教育的人才培养总体目标定位准确，能够满足经济社会发展的人才需求，对广大高校的教学工作具有重要指导作用。但具体到高等学校，人才培养目标的定位则存在一定问题。

一是同质化现象较为突出，无法彰显高校办学特色。不同的高校应该具有不同的精神与文化，其内化成高校的气质与性格，外显于高校的办学与实践。但是，我国高校的培养目标并未能充分地体现出学校的个性与精神，多所学校的培养目标雷同，难以通过识读培养目标准确地判断其属于哪一所学校。

二是内容表述不够明确，指导教学实践作用弱化。定位不明确、方向模糊化是我国高校本科人才培养目标的一个主要问题。这集中表现为人才培养目标设计存在较大的涵盖性。人才培养目标涵盖多种人才特征及人才类型，会在一定程度上模糊焦点，致使学校师生对真正的培养方向所在感到困惑。

三是目标定位过于保守，激励作用不足。我国高校人才培养目标所普遍重视的特质与类型中，很大程度上都属于高等学校培养人才的底线与基本，一流大学建设高校的人才培养目标也不例外，较低的人才培养目标定位失去了设定目标的意义，也无法激励广大师生在教学工作中发挥主观能动性，为了更高的目标进行开拓性探索。

3. 师资队伍

高校师资队伍建设一直以来都是高等教育改革和发展的核心环节，师资队伍水平是高等学校教育质量的决定性因素，加强师资队伍建设是提高高等教育质量的根本保障。十八大以来，我国高校师资队伍建设取得了显著进展，师资队伍数量、结构、能力等方面都得到了改善和提高，但与一流本科建设的需求相比，仍有一定的差距。

一是师资数量有待提高，结构有待进一步优化。1 222 所高校教学状态数据显示，2017 年各高校平均生师比为 19.91，其中一流大学建设高校为 20.37，一流学科建设高校为 20.91，一般本科高校为 19.56，独立学院为20.48（表 8-1）。

高校生师比整体偏高。师资队伍结构有待进一步优化。从年龄结构来

表 8-1　2017 年分类型高校生师比情况

项目	一流大学建设高校	一流学科建设高校	一般本科高校	独立学院	总计
学校数 / 所	41	95	837	249	1 222
生师比平均值	20.37	20.91	19.56	20.48	19.91

看，高校仍以中青年教师为主，35 岁及以下专任教师在各类高校中平均占比为 26%，45 岁以下专任教师在各高校占比均超过了 50%。一般本科高校和独立学院的师资队伍明显年轻化、低职称教师比例偏高，独立学院 35 岁以下教师占比 39%，但高级职称总数不到 33%；一般本科高校 35 岁以下教师占比 27%。从学历结构来看，具有博士学位的教师比例偏低。一流大学建设高校和一流学科建设高校专任教师中具有硕士和博士学位的教师占比分别是 77.15% 和 60.91%，但一般本科高校和独立学院的专任教师则以硕士为主，具有博士学位的教师仅占 28.41% 和 14.60%。

二是高校教师的专业经历有待进一步丰富。从师资学缘结构来看，本校毕业专任教师所占比例为 18.77%，境内的外校毕业的专任教师所占比例为 74.95%，境外外校毕业的专任教师所占比例为 6.28%。总体上高校专任教师以我国自主培养的为主，教师国际化程度还有很大改善的空间。从师资的行业背景来看，高校双师型、具有工程背景的教师明显短缺，双师型教师占专任教师的比例平均为 20.08%，具有工程背景的教师占专任教师的比例平均为 10.74%，具有行业背景的教师占专任教师比例平均为 16.59%。从各高校质量报告看，部分高校对于双师型教师队伍的建设还只是停留在起步阶段，各项政策和措施还没有完全落实。

三是师资的专业发展资助和机会不足。2017 年 1 223 所高校教学状态数据显示，教师培训进修专项经费平均仅为 352 元。再从各高校质量报告看，14% 的高校提到校内缺乏系统的教师培养计划和落实保障机制，部分高校反思在教师培养和引进过程中存在重引进人才，轻自己培养人才；重现有人才，轻有潜力的人才；重使用人才，轻为人才的成长铺路搭桥等人才培养的错位思路。有 52% 的高校提到学校正致力于教师的专业发展，通过开展教师培训、教师生涯职业发展、教师激励项目等开展教师队伍能力建设。但部分高校教师培养培训工作组织开展不到位，新教学手段、教学工具使用开展程度不深，青年教师培养机制不完善，传、帮、带作用发挥不明显，青年教师教学水平的提升效果也不明显。

4. 教学条件

21 世纪以来，我国高等教育获得迅猛发展，高等教育财政投入逐年提高。2012 年，我国教育财政支出首次实现了占 GDP 4% 的目标，但高等教育财政投入的现状仍无法满足高等教育强国的发展要求，高校教学条件改善仍面临诸多挑战。

一是教学经费总体仍较紧张。2017 年各高校教学状态数据显示，各高校校均教学经费为 18 051.8 万元，生均教学经费为 1.3 万元。校均教学日常运行经费支出为 4 507.3 万元，占教学经费比例平均为 53.56%。高校教学经费中用于最基本的日常运行，而用在教学改革、教师进修培训、专业建设、实践教学等方面的比例偏低。

二是教学行政用房需要进一步调整优化。据 2017 年高校教学状态数据，各高校校均行政用房面积占比为 5.70%，校均教学科研及辅助用房占比为 41.28%，校均教室面积占比为 14.90%，校均图书馆面积占比为 5.18%。校均实验室实习场所面积占比为 14.39%，校均专用科研用房面积占比为 3.17%，校均体育馆面积占比为 2.73%，校均会堂面积占比为 0.92%，校均学生食堂面积占比为 3.72%，校均学生宿舍面积占比为 27.77%。由此可见，高校在一些公共基础设施建设方面还有待加强，特别是在体育场馆建设方面仍需要加大投入力度。一流大学、一流学科建设高校尤其要注重公共教室等基础教学建设，而在一般本科高校和独立学院等院校，则应注重实验室等基础建设。

三是部分教学设备陈旧老化、更新迟缓。1 216 所高校教学状态数据显示，各高校累计教学科研仪器设备资产当年新增值 4 539 859.74 万元，校均教学科研仪器设备资产当年新增值 3 733.44 万元，生均教学科研仪器设备资产当年新增值 0.2 万元。生均教学科研仪器设备当年新增值从高到低依次为一流大学建设高校（平均为 0.49 万元）、一流学科建设高校（平均为 0.26 万元）、一般本科高校（平均为 0.16 万元）和独立学院（平均为 0.05 万元）。根据 2017 年教学质量报告，有 148 所高校提出实验设备老旧，难以满足新实验项目的开发。

四是管理信息化不足，资源利用率低。部分学校提出信息化设备运用不足，欠缺共享设备。课程平台系统、实验管理系统、学生综合评价系统等信息化管理系统落后，各系统的数据对接困难，不能互联互通，难以满足学生学习管理与服务的多样化需求；实验室智能化建设程度不高，门禁系统、虚拟仿真实验等建设不足；大型仪器设备预约和开放共享不足，资源使用率低。2017 年质量报告显示，有 37 所高校明确提出教室资源、信息化平台在学生学习管理与服务、实验室使用等方面还存在诸多不足。由于分散管理、封闭使用的传统管理机制的影响，造成大量仪器设备，特别是大型贵重仪器设备的重复购置、利用率低、信息封闭等问题。根据 2017 年各高校提供的数据分析，各高校管理信息系统数据总量校均值为 11 975.88 元，信息化工作人员平均数为 20.44 人，信息化设备资产软件校均价值 22 437.53 元，可见各高校在人员及软件上的投入远低于硬件投入（校均值 145 435 元）。

5. 专业建设

专业是人才培养的基本单元，专业建设是高等学校优化结构、体现特色、提高质量、培养高素质人才的根本性任务。我国高校专业建设仍存在诸多不足。

一是新建专业投入力度不够。2017 年全国高校教学状态数据显示，我国高校专业平均数为 43.43 个，其中拥有 60 个以上专业的高校有 288 个。各高校专业设置中，校均 10.23 个为新专业，占本科专业总数的近 1/4。但在专业建设投入力度方面，全国各高校专业建设经费支出占教育总经费支出占比平均只有 10.45%，部分高校在专业建设中存在"只生孩子、不养孩子"的现象。

二是专业特色凝练不够明显。2017 年高校教学状态数据显示，1 224 所高校国家特色专业总数 5 312 个，校均 4.34 个；省部级优势专业总数 10 533 个，校均 8.61 个。根据 2017 年各高校教学质量报告，有 38% 的高校在专业设置与培养方案方面的特色发展有所突破。但是大部分高校的专业特色不够突显，尤其在新建高校，大多由专科学校升格或合并而成，成立时间短，专业培养方案还不成熟，本科专业的办学条件也不完备，本科专业建设缺乏经验，本科专业建设水平尚待提高。

三是专业与社会需求还存在脱节。2017 年高校教学状态数据显示，应届就业人数各高校平均值为 2 794 人，对比 2013 级应届学生高校平均值 3 340 人，仅有 83.6%。比较各类型高校的就业人数占应届生人数的比值：一流大学建设高校最高，为 88.2%；其次是民办高校，为 87.5%；再者是一流学科建设高校，为 85.3%；接着是一般本科高校，为 80.9%；独立学院最低，为 75.7%。对 2017 年毕业生就业质量报告的统计显示，哲学、历史学专业毕业生的就业率分别为 78.6% 和 66.1%，相对是较低的；教育类、农学类的就业率也明显低于其他学科的平均水平，分别为 52.5% 和 52.3%；法学近年来的就业率也不高，仅为 71.0%。

6. 教学模式

一是人才培养的特色不够鲜明。从整体上来看，大部分高校的人才培养方案较为成熟，能够适应时代发展的要求。但也应看到，部分高校的人才培养方案还存在缺陷，突出体现在人才培养的特色不够鲜明，同质化、趋同化趋向明显，学生个性化培养不足。2017 年高校教学状态数据显示，专业课占学校开课数量的 85% 以上，专业基础课占比平均为 30% ~ 40%。但校均公共选修课只有 110 门，占课程总数的 8%。

　　二是跨学科人才培养数量不足。尽管双学位、主辅修、转专业已成为制度改革举措，但从总体上说，高校人才培养还带有很强的专业性，跨学科复合型人才培养数量上不足，覆盖面有限。根据 2017 质量监测报告，全国共有大类专业 3 708 个，校均仅有 3.03 个，有大类专业高校数 444 个。1 226 所高校中，有 444 所高校实施了大类招生大类培养，累计涉及 7 419 个专业。再根据全国 397 所高校教学状态数据，2017 年各高校参加辅修人数占在校生平均比例为 1.01%。另根据全国 297 所高校教学状态数据，参加修读双学位人数占在校生平均比例为 1.05%。可以看到目前交叉培养方式在高校形式相对比较单一，受惠学生范围不大。

　　三是高校课程体系结构僵化。基础课程和专业课程课时比例不合理、课堂教学课时与实践教学课时不够合理、课堂教学课时要远远大于实践课程的课时等。课程结构比较呆板和单一，缺乏新颖和灵活性。必修课程占比过高，选修课程占比过少，基础课与专业课等必修课在课程计划中占了较大的比例，专业课开设划分过细、过窄，对专业知识的重点与非重点划分不清。跨科课程、综合类课程却非常少。

　　四是实践教学分量比例不足。理论课程占的比例太高，实践课程相对非常少，教学的内容忽视了实践操作等内容，特别是很多人文社会学科，实验实践教学仅仅占课程体系的一小部分。2017 年高校教学状态数据显示，高校独立开设的实验课校均 106.4 门，仅占课程总数的 7.6%。

　　五是教学方法和教学模式单一。2017 年高校教学状态数据显示，31% 和 32% 的高校都对实践教学领域和课堂教学领域的特色化发展进行了有益探索和尝试，13% 的高校对课堂教学的特色化发展进行了大胆尝试。但从数量上来看，尽管 MOOC、SPOC 等新型教学方法在高校中的普及程度在提高，但仍然有 60% 以上的高校未参与其中。高校教师教学的方式仍比较落后和传统，以教师传授为主和课堂教学为中心的形式仍占主导优势，学生在学习方面的主动创造性在教学过程中比较容易被忽视。

六是班级规模偏大，互动教学难度大。尤其是在通识教育基础课和学科平台课中，大班上课比例高，师生互动组织难度很大。2017 年教学状态数据显示，各高校公共必修课平均班级规模近 90 人，公共选修课班级规模近 100 人，即便是专业课程班级规模也超过 55 人。

7. 质量保障

一是全面监控教学质量理念还需落实。高校领导以及师生虽然有了全面质量意识，但在实际执行过程中，各自为政的现象还存在。大多数高校中教学质量监控范围仅限于教学活动，对于管理水平、后勤保障等对教学质量具有直接影响的因素却缺乏监控。高校对于教学秩序的监控比较严格，但是却忽视了专业设置、教学计划、教学内容等的监控，使得部分高校的教学计划不周全。另外，很多高校比较重视教师的理论教学，针对教师的实践能力以及实践教学能力的监控却缺乏力度。对于学生学习方面的监控，很多高校对学生的理论知识水平比较重视，加以严格监控，但是对学生的实践能力和操作能力重视不足，监控力度不足。

二是质量评价机制急需进一步完善。从内部质量评价看，学生评教、同行评教、专家评教是学校评价教学的不同主体，三者之间如何做到协调还有很多工作需要做。从评教结果看，学生评教课程被评为"优"的比例为 75.37%，同行评教中有 56.86% 的课程被评为"优"，专家评教中被评为"优"的课程比例则更低，仅为 36.8%。表明学生评价和同行评价之间有较大差异。从外部质量评价机制看，多数学校鲜有企业和行业、社会直接参与对学校专业设置、课程体系改革以及教学质量监控的情况。少数学校开展了企业评价和毕业生评价，弥补了部分社会评价的空白，但涉及面还不广，信息反馈也没有和教学部门建立有效的沟通通道，还没有建立起一套真正符合本科教育特点的评价体系。在学生学业评价方面，高校普遍存在重学生知识性评价，轻学生行为养成评价；重终结性评价，轻过程性评价等现象。重视考试评价，忽视其他评价方式，不仅弱化了学生、教师和家长在评价过程中的作用，其他如观察、描述性评语、项目评价、谈话、成长记录等评价方式也流于形式。

三是质量监控队伍建设亟待充实。质量监控队伍整体年龄偏大、学历偏低，难以适应教学内容和方法快速更新的现状，也影响了教学质量监控的实施效果。从数量上看，2017 年高校教学状态数据显示，高校教学管理人员总数为 68 446，高校信息化工作人员平均数为 20.44，教学管理人员平均数为 55.92，教学质量监控人员平均数为 4.87，有 151 所高校质量监控人员人数为 0，占 1 224 高校总数的 12.3%，很多高校没有独立从事教学管理保障的部门或人员。再从教学管理人员管理能力看，2017 年高校教学状态数据显示，教学管理人员教学成果总数 5 683，校均 4.64，教学管理人员发表论文总数 32 461，校均 26.52，人均教学成果和发表论文数为 0.08 和 0.47，教学管理和质量监控队伍的数量和教学教研能力均存在较大缺陷。

8. 教育国际化

一是有境外学习经历的教师比例偏低。2017 年教学状态数据显示，境外毕业的高校教师占专任教师的比例平均仅占 6.28%，从高校外聘教师学缘结构看，2017 年高校教学状态数据显示，1 212 所高校外聘教师中来自于境内的平均占 0.16%，来自于境外的占 0.01%。

二是双语课程和全英文课程建设步伐需要加快。2017 年全国 906 所高校教学状态数据显示，各高校累计开设双语课程或全英文课程 111 166 门，平均每所学校开设 122.7 门。

三是教学科研人员外语水平不足。科研人员外语能力差，对外学术沟通的能力受到了很大的影响。另外，还存在科研人员专业知识更新不够及时，国际交流意识还比较弱，科研环境开放程度还不够等问题。以参加国际会议人次来看，2017 年参加国际会议总数为 7 609 人次，校均 6.22 人次，除一流大学建设高校外，其他各类高校参加国际会议和交流的人次均很低。

　　四是境外流入学生少。根据 2017 年教学状态数据统计，903 所高校有本校到境外的交流学生，累计 99 617 人次，校均 81.39 人次；仅有 425 所高校有境外到本校的交流学生，累计 30 596 人次，校均 25 人次；本科境外生授予学位 20 596 人，校均 16.83 人；本科境外生在校生数 137 034 人，校均 111.96 人。与国外大学联合培养学生的高校有 467 所，校均培养人数 130.99 人。

第九章　建设一流本科教育：对策与建议

一、转变教学观念，主动迎接一流本科教学新挑战

教学观念是从先进的教学理论中演绎出来的有关教学活动的理性认识，是教师对教学活动的看法以及所持有的基本态度与观念，体现了教师对教学实践的价值期待及理想追求，是指导教师教学实践活动的理论基础。要切实提高本科教学质量，需要首先转变高校管理者和专任教师的教学观念。

（一）树立学生中心观念，坚持立德树人为根本

高校立身之本和根本任务在于立德树人，只有培养出一流人才的高校，才能够成为世界一流大学。本科教育是高等教育的基础和关键阶段，学生是高校最有代表性的产品，本科教学改革首先要树立学生中心的理念。坚持一切工作为了学生，一切工作围绕学生。因此，以学生为中心的理念要求高校要回归常识、回归本分、回归初心、回归梦想。以学生为中心的理念就是要求高校全面贯彻党的教育方针，全面践行社会主义核心价值观，让学生坚定树立"四个自信"、把个人理想与社会主义现代化建设的远大目标结合起来，培养新时代社会主义现代化建设合格建设者和可靠接班人。以学生为中心的理念要求我们改变传统教育中教师是主体，教材是中心，师生缺乏互动，学生是知识的被动接受者，学生缺乏学习主动性的状况。要求高校践行"课堂

革命"，通过构建系统的育人体系，促进"以学生为中心"理念落实到课堂教学活动中，着力推进学生学习与发展，注重激发学生的学习兴趣，调动学生学习的积极性和主动性，培养学生批判性思维、独立思考及自主学习能力。

（二）树立成果导向理念，持续改进内部质量保障体系

成果导向的教育理念，是指教学设计和教学实施的目标是学生通过教育过程最后所取得的学习成果。成果导向理念的核心是"以产出为导向"。目前成果导向的理念广泛应用于高等教育的专业论证、评估以及内部质量保障体系建设的各个方面。国际化程度最高、体系最完整的本科工程学位国际互认协议——"华盛顿协议"，将成果导向理念融入到工程教育专业认证中。在中国，成果导向理念最早被引入的是工程教育模式，如 CDIO 模式。CDIO 代表构思（conceive）、设计（design）、实施（implement）和运行（operate），它以产品研发到产品运行的生命周期为载体，让学生以主动的、实践的、课程之间有机联系的方式学习，将工程科学、工程学科知识和工程实践能力整合为一体，是一种将实践教育和理论教育相结合的工程教育理念。CDIO 模式自 2005 年引入中国以来，全国 40 多所试点高校和一些非试点院校纷纷紧密结合中国工程教育实际，转变传统工程教育教学模式，建立符合国际工程教育共识的人才培养模式。2016 年 6 月，中国成为"华盛顿协议"正式成员，成果导向理念正被人们广泛接受，并作为高校各类评估、评价的重要原则，从最初的工程教育领域推广到各个专业领域，推动高校把教学改革的着力点放在学生学习效果，并作为高校改进和完善内部质量保障的重要动力来源。

（三）树立全球教育观，培养具有国际视野的全球公民

全球教育观既是经济全球化在教育领域的必然反映，也是信息化推动下

全球信息共享带来的必然产物。鉴于全球经济一体化以及地球村的形成，树立一种全球教育观是一所大学走向国际化的必然要求。全球教育观要求把人才培养放在国际的视野下，使得人才具有强烈的竞争意识和赶超意识，具有开放包容、合作共赢的意识，平等对待不同文化的冲突以及具有全球命运共同体意识。正如 2015 年联合国教科文组织在《反思教育：向"全球共同利益"的理念转变》报告中指出，文化多样性是激发人类创造力和实现财富的最大源泉，这就需要以多种方式来看待这个世界。报告认为，对于发现和认识其他世界观必须保持更加开放的态度，世界各地的社会可以相互借鉴、相互学习。教育可以，而且必须促进全球的可持续发展观。

二、加强师资队伍建设，提升教师整体水平

加强高层次人才引进和培养。加大学科专业带头人和教学名师培养，在平台建设、团队组建、重大教科研项目立项等方面予以倾斜，为高层次教学科研团队发展提供良好的平台；加大教师行业实践研修的选派和资助力度；强化青年教师培养发展机制，丰富培训内容，创新培训形式，切实增强培训效果。同时做好外聘教师队伍的选聘和管理。以教研室为抓手，加快培育优秀教学团队。

实施青年教师能力提升计划。完善教师参加工程实践的机制和措施，严格执行教师参加工程实践能力培养制度；健全教师参与实践教学与实验室建设的管理和保障机制，明确各类教师承担实践教学任务的要求；积极完善专兼职实验教师队伍，出台有效措施加强从行业产业聘请具有丰富工程实践经验和较高工程技术水平的专家到校担任兼职教师，努力构建结构多元、特色鲜明的实践教学队伍，着力提升教师队伍的工程实践能力；鼓励中青年教师参与教学管理及教学质量监控工作，提升教学质量保障意识。

加强教师教学发展中心建设。通过不同形式，对青年教师课堂教学、教学方法手段等进行培训和评价，帮助教师把先进的教学理论与方法运用于教学实践。支持教师到相关企业挂职锻炼，到其他高校做访问学者，到某些培训机构进行必要培训或到其他高校听课等，帮助教师加深对专业知识的直观认识，帮助学生了解自己所学专业知识在未来工作中的用途，从而形成多渠道、多层次、多形式的教师培训网络。

完善教师教学评价体系。加强中老年教师教学质量的监控，针对性地开展巡课、看课活动。通过绩效工资改革、制订校内职称评审方案来引导教师关注教学、关注课堂教学改革。进一步完善师资队伍的考核和管理机制，加强有关科研团队和教学团队建设、培养等机制。合理设置教师岗位体系，建立多元化教师业绩评估体系，健全教师分类评价标准，促进教师分类发展，进一步强化教学工作的业绩导向，拓展教师的职业发展空间，改革建立新的职称评聘条例，强化教学工作考核，建立完善教师评优评奖体系和机制，对各类获奖者在职称评审和岗位聘任上给予倾斜，大力引导和鼓励教师安心教学、潜心教学，不断提高教学质量，在教学工作中追求卓越。

加强教学团队建设。要根据教学改革任务需要，建设由教学水平高、学术造诣深的教授领衔，由教授、副教授、讲师、助教及教辅人员组成的教学团队。鼓励高等学校创建跨学科的教学团队。要以团队带头人为核心，做好带头人的遴选工作。将具有高尚的道德品质、严谨的治学态度、丰富的教学实践经验、创新的教学思想、较高的学术造诣、良好合作精神、较强组织管理能力的人员作为团队带头人遴选的重要目标。建立责权利相统一的团队带头人负责制，支持带头人组建或鼓励带头人自主组建教学团队。要对有突出成绩的团队带头人在物质、精神、职称评聘等方面给予奖励。要构建合理的评价体系，促进教学团队的健康发展。

三、加大教育经费投入，不断改善教学条件

拓宽教学经费的投入渠道。积极争取社会校企合作的资金投入。充分利用企业现有的资源，实现教学、科研、成果转化的协同育人模式。适度允许高校利用自身的有利条件和科技人才优势积极创办校办企业，利用企业创造的利润来提高教学投入。鼓励高校利用科研技术来提高服务收入。高校可以在不影响教学科研工作的情况下，借助自身的技术优势向社会提供技术专利及相关咨询培训服务，进一步推进科研成果的转化，增加收入的来源。

严格教学经费预算制度管理。要调整经费结构，加大专业建设、课程建设、教师进修等教学经费投入力度，加大对教学基础设施和教学改革研究的投入力度，保证高校的可持续发展。要明确教学经费的使用范围，确保教学经费专款专用，对于一些大型的教学仪器、设备的采购，高校应该提前对现有的所有仪器设备进行清理盘点，避免重复采购造成的资产闲置和资金浪费，切实提高经费的使用率和设备的利用率。通过集中采购还可降低采购成本，应该制定相关的规章制度，对教学经费的使用进行规范和严格的管理，避免一些虚假和不必要的开支，充分保障教学经费得到合理使用。

四、加强专业结构调整，合理设置学科专业

调整优化本科专业结构。要从国家经济社会发展对人才的实际需求出发，优化专业结构。一是根据地方经济社会发展需求，继续适当缩减招生专业数，停招停办应用性特征不明显、市场需求小、就业不畅的专业。二是深入推进一流示范专业建设，积极发挥示范专业效应，提升专业建设水平。三是以审核评估、专业评估、专业认证为抓手，加强专业的自我全面诊断、建

设与管理，促进专业内涵建设与发展。四是优化人才培养方案。五是深化校地、校企、校校合作，深入推进应用型人才培养模式改革。

建立专业动态调整机制。教育管理部门应定期发布高等教育人才培养与经济社会需求状况，引导高等学校及时设置、调整专业和专业方向，密切与社会用人单位的联系，培养满足国家经济社会需要的各种专门人才。广大高校要根据国家对各专业建设的要求，大力倡导在高年级灵活设置专业方向。要大力培育优势明显、特色鲜明的本科专业，加大建设力度，逐步形成专业品牌和特色。要加大对新设本科专业的管理，充分考虑职业岗位和人才需求、学科支撑，符合学校的办学目标和办学定位、师资条件、教学条件和图书资料等，加强对新设置专业的建设和管理。

强化本科专业内涵建设。高校应科学规划学科专业设置，调整合并交叉重复设置的专业。结合学校办学定位和建设目标，制订符合校情的专业整合方案，完成对相关学院（系）专业布局的调整和资源整合。启动校内专业评估。结合高校实际情况，科学制订专业评估方案，确定专业评估指标体系，聘请第三方参与评估，并逐步建立评估与专业建设投入的动态调整机制，加快国家特色专业及国家一流本科专业的建设步伐。抓好新专业建设，严格执行专业准入机制，重点考虑新专业与社会需求的适应度、与学校发展定位的契合度、优势学科对新专业的支撑度、现有专业与新专业的互补度。同时加大对新专业建设的支持力度，确保新专业在师资引进、课程体系建设、教学实践、毕业设计等方面的经费投入。

推动专业教育综合改革。支持高校开展专业建设综合改革试点，在人才培养模式、教师队伍、课程教材、教学方式、教学管理等影响本科专业发展的关键环节进行综合改革，强化内涵建设。支持战略性新兴产业相关专业建设，加强战略性新兴产业发展急需人才培养。支持涉及农林、地矿、石油、水利等艰苦行业和少数民族地区、边疆地区、革命老区高校的专业建设，引导这些专业加强教学条件建设和师资队伍建设，提升相关专业人才培养支持力度。支持"卓越工程师教育培养计划""卓越医生教育培养计划""卓越农林人才教育培养计划""卓越法律人才教育培养计划"和"卓越文科人才教育培养计划"相关专业建设。在工程、医学等领域开展专业认证试点，建立与国际实质等效的工程、医学等专业认证体系。

推动学科专业课程一体化建设。第一，依托优势学科群建设特色专业群和课程群，使一流学科建设与一流专业建设成为有机统一体，相互融合、相互支撑、相互促进。第二，以培养创新能力为主线，注重思维训练、强化实践能力，依据专业认证标准，对标课程与培养目标和毕业要求，构建特色鲜明的课程体系。第三，着力建设学科、专业、课程一体化研究平台，从前沿性的学科知识中选择"最有价值"的知识纳入课程，将新理论、新知识、新技术更新为教学内容，并将科学研究作为一种有效的人才培养方式，在部分专业逐步探索推进以项目代替课程的科研协同育人机制。第四，将优秀的科研团队转化为高水平教学团队，明确高校教师的第一身份为"老师"，第一任务是人才培养，上好课是第一责任；完善教师评聘、奖励、考核、监督等机制，支持优秀教师将主要精力投入教学，将科研思想和科研成果及时引入到本科教学和人才培养中。

五、更新教学手段方法，大力提高课堂效果

推进以课程为重心的教学改革。要依据课程的不同类型，深入推进教学模式改革创新，实施以"线上＋线下"混合型教学为导向的公共基础课程改革、注重案例教学的专业基础课程改革、学用创相融的专业课程改革。要推进开展以解决实际问题为导向的教学方法，大力提倡启发式、合作式、参与式教学方法，转变以教师、教材和教室为中心的教学模式，大力倡导以知识

应用、创新创业意识和能力培养为主导的新型教学模式。落实通识教育课的教学改革，提升教学质量。此外，引进国内外优质在线课程资源，积极探索MOOC开发利用，继续积极探索部分课程的线上教学和线下教学的有机结合，充分利用名师资源的同时，努力发挥授课教师的线下辅导和督促作用。

主动把信息技术引入课堂教学。不断推进教学资源的共建共享，逐步实现教学及管理的网络化和数字化。要进一步培养和提高教师制作和使用多媒体课件、运用信息技术开展教学活动的能力，培养和提高本科生通过计算机和多媒体课件学习的能力，以及利用网络资源进行学习的能力。加强信息技术与教育教学的深度融合，把线上线下教育的深度融合变成一种真正的教学理念、教学方法、教学技术、教学方式、教学模式的变革；充分发挥学科专业优势和现代教育技术优势，争取建设以大规模在线开放课程为代表、课程应用与教学服务相融通的优质在线开放课程；在全面推进在线开放课程建设和应用的同时，以教育技术现代化助推高等教育现代化，深化信息技术与教育教学深度融合；充分发挥教师发展中心的功能，开展教师信息技术运用培训，帮助教师设计与规划，引导教师充分利用现代教育技术，推进课程教学改革，创新在线课程共享与应用模式，促进教师追求教学卓越，提升教学品质。

六、完善质量保障体系，提高质量保障能力

进一步加强高校教学评估工作。继续开展并不断完善高等学校教学质量定期评估制度，把教学评估的结果作为衡量高等学校办学水平的重要指标。建立高等学校教学基本状态数据年度统计和公布制度，并作为教学工作评估的重要依据。积极开展专业评估和工程教育认证、医学教育认证等试点工作，逐步建立高等学校、政府和社会共同参与的中国高等教育质量保障体

系。组织研究制定覆盖所有专业类的教学质量国家标准，形成我国高等教育教学质量标准体系。完善质量标准建设，建立质量问责机制，贯彻落实质量保障体系纲要，健全质量保障组织架构，完善专业设置标准、课程与专业建设质量标准。积极推动专业教育认证，将工程教育认证的核心理念辐射至各高校各专业。

推动完善高校质量监控体系。要进一步加强教学质量监控，建立用人单位、教师、学生共同参与的学校内部质量保障与评价机制。完善教师、院系、学校三级质量保障机制，逐步建立保证教学质量不断提高的长效机制。要进一步推进信息化教学质量监控系统建设，完善运行顺畅、高效的质量信息收集、处理、反馈和控制机制，增强教学质量信息反馈的时效性与质量改进的实效性。建立教学质量定期发布制度，强化结果运用。建立质量改进问责机制，实施教育教学质量一把手工程。要进一步完善教学督导制度、教学检查制度、学生网上评教制度、学生信息员制度、听课制度、教学事故认定及处理制度、教学评估制度、青年教师课堂教学能力考核制度、本科专业负责人制度、教研室负责人制度等一套教学质量监控制度。

大力强化教学质量文化建设。成立教师能力发展中心，提高教师的教学能力。并通过教学质量标准化、教学质量监控与评价标准化、教学管理与保障标准化等建设工程，规范每一个人的岗位职责和行为，从物质、精神、制度、行为等四个层面，逐步形成有助于教育教学质量保障的条件，激活促进教育质量提高的各种元素。充分考虑管理者、教师、学生乃至家长等多元利益相关者的诉求，通过多元化的文化体系建构，通过交流、对话达成学校成员对质量价值、质量观念、质量道德、质量追求的共识。坚持教学以学生为本的理念，建立新型的师生关系，促进教学互动，追求有质量的课堂教学，逐步实现教学质量监控由外控为主到内控为主的转变。加强教学改革研究。实行教改项目与科研项目同等奖励机制。积极探索项目建设完成质量、效果和反哺教学评价体系，推进教学与科研有机融合，促进科研有效反哺教学内容。

七、加快教育国际化步伐，提升学术交流能力

树立高等教育国际化理念。通过借鉴学习国际先进教育理念和创新人才的培养模式，培养出具有全球视野的创新型人才，提高我国的高等教育水平；同时通过吸引更多的外国留学生传播中华文明，可以提高我国在国际上的影响力，推动我国教育事业和经济的迅猛发展。实现高等教育国际化，应在高校师资队伍和学生中树立国际化的理念，可以通过举行讲座和培训来加强师生对国际化的理解，鼓励他们放眼世界，以国际领先的管理、科研和教育水准要求我们自己，培养学生的国际视野和意识。开展国际合作有利于我国高校更快地开阔视野，提高国际化水平。可以通过开展科研合作、合作办学、参加国际学术会议等方式来加强国际交流与合作。科研合作可以从多个层面进行展开，比如共同承担课题攻关、成立区域和国际问题研究中心以及建立国际化研究中心和实验室等。

加快推进师资队伍国际化。教师是推动教学和科研的最直接力量，只有拥有大量具备国际视野、国际知识和经验的教师，才能保证高等教育的国际化的发展方向。要通过制订教师海外学习进修的整体目标计划，为教师提供优越的海外访学的条件和资助。要通过各种方式吸引国外优秀人才来中国进行教学、科研与管理工作。比如通过划拨专门经费提高薪资待遇以及在国外进行大力宣传发布招聘广告，广泛吸引国外优秀人才来华任教、进行项目研究、作大学管理咨询等。

促进学生的国际交流。加强国际间的学生交流，大力发展留学生教育，鼓励支持更多的优秀学生出国留学。要充分利用国外先进教育资源为我国的

人才培养服务，采取多种方式吸引外国留学生，增强校园的国际性。要通过大力发展交换生，扩大交换生的规模及范围，以及开展各种海外学习方式，创造灵活多样的短期留学生教育，提高留学生规模，加强留学生教育。

　　构建国际化的课程体系。建立国际化的课程体系，应根据专业培养目标设置国际化课程，课程内容要包含国际前沿动态和成果，课程内容的设计要与国际接轨，同时应积极引进、借鉴国外先进的原版教材，大力有效开展双语教学，切实培养学生的创新能力、实践应用能力和国际交往能力。